Pitt Press Series

T0328182

GOETHE'S BOYHOOD

GOETHE'S BOYHOOD

TAKEN FROM THE FIRST THREE BOOKS OF
HIS AUTOBIOGRAPHY

EDITED BY

J. W. CARTMELL, M.A.

CAMBRIDGE
AT THE UNIVERSITY PRESS
1944

CAMBRIDGE UNIVERSITY PRESS
Cambridge, New York, Melbourne, Madrid, Cape Town,
Singapore, São Paulo, Delhi, Tokyo, Mexico City

Cambridge University Press
The Edinburgh Building, Cambridge CB2 8RU, UK

Published in the United States of America by
Cambridge University Press, New York

www.cambridge.org
Information on this title: www.cambridge.org/9780521169523

© Cambridge University Press 1944

First published 1875
Reprinted 1876 (twice), 1880 (twice),
1881, 1887, 1889, 1891, 1892, 1894, 1898, 1908,
1923, 1936, 1944
First paperback edition 2011

A catalogue record for this publication is available from the British Library

ISBN 978-0-521-05105-7 Hardback
ISBN 978-0-521-16952-3 Paperback

PREFACE.

A SELECTION of passages from the first three books of Goethe's Autobiography was arranged and edited for the Syndics of the University Press by the late Dr W. Wagner and published under the title of *Goethe's Boyhood* in 1876. In preparing a new edition of the book at the request of the Syndics I have added a few passages which seemed to be necessary in order to make the connexion of the narrative more clear. The notes have been carefully revised, and to a great extent re-written, with a view mainly, but not entirely, to the requirements of junior students. An index and a genealogical table have also been added.

I have found the notes of von Loeper in his excellent edition of *Dichtung und Wahrheit* (2 vols., Berlin, Hempel 1873), exceedingly useful, and have availed myself freely of the information therein given. The notes on the topography of Frankfurt I have verified by personal inspection of the places mentioned. I have to thank Dr Breul, University Lecturer in German, for many valuable suggestions and most kind assistance in revising the proof-sheets for the press.

J. W. CARTMELL.

CHRIST'S COLLEGE, CAMBRIDGE,
Dec. 23, 1890.

Goethe's Knabenjahre

Ὁ μὴ δαρεὶς ἄνθρωπος οὐ παιδεύεται.

Vom Vater hab' ich die Statur,
Des Lebens ernstes Führen,
Von Mütterchen die Frohnatur
Und Lust zu fabuliren.

GENEALOGICAL TABLE

GEORG WEBER of Weikersheim in Würtemberg

WOLFGANG WEBER, Hohenlohischer Rath and Kanzleidirector at Neuenstein, assumed the Latinised name of TEXTOR

JOHANN WOLFGANG TEXTOR, Vicehofrichter at Heidelberg: afterwards in 1690 Consul and First Syndic at Frankfurt. d. 27 Dec. 1701

CHRISTOPH HEINRICH TEXTOR, Justizrath and Advocate at the Court of the Elector Palatine. d. 1716

JOHANN WOLFGANG TEXTOR, b. 12 Dec. 1693, d. 6 Feb. 1771. Magistrate at Frankfurt 1731. Bürgermeister 1738. Schultheiss 1747. Married ANNA MARGARETHA LINDHEIMER (b. 31 July 1711, d. 18 Apr. 1783) dau. of Dr Cornelius Lindheimer, Procurator of the Court of Justice at Wetzlar

JOHANN CHRISTIAN GOETHE a farrier at Artern in Thüringen

FRIEDRICH GEORG GOETHE b. 7 Sept. 1657, d. 13 Feb. 1730 a tailor, afterwards innkeeper, married (4 May 1705) as his second wife CORNELIA SCHELLHORN formerly WALTHER (b. 27 Sept. 1668, d. 26 Mar. 1754), a widow, the landlady of the inn 'Zum Weidenbusch' at Frankfurt, by whom he had two sons

JOHANN JOST TEXTOR b. 1739 d. 1792 Senator at Frankfurt

ANNA MARIA b. 1738 d. 1794 m. 1756 J. J. Starck Pfarrer

JOHANNA MARIA b. 1734 d. 1823 m. 1751 G. A. Melber druggist at Frankfurt

JOHANN FRIEDRICH Goethe b. 23 Sept. 1708 d. 31 Oct. 1727

JOHANN CASPAR GOETHE b. 31 July 1710 d. 27 May 1782 Imperial Councillor —— m. Aug. 20 1748 —— KATHARINA ELIZABETH TEXTOR b. 19 Feb. 1731 d. 13 Sept. 1808

JOHANN WOLFGANG GOETHE b. 28 Aug. 1749 d. 22 Mar. 1832

Cornelia Friederike Christiane b. 7 Dec. 1750 d. 8 June 1777 m. 1 Nov. 1773 J. G. Schlosser

Hermann Jakob b. 26 Nov. 1752 d. 11 Jan. 1759

Katharina Elizabeth b. 8 Sept. 1754 d. Dec. 1755

Johanna Maria b. 28 Mar. 1757 d. 9 Aug. 1759

Georg Adolf b. 14 June 1760 d. 16 Feb. 1761

Aus meinem Leben
Dichtung und Wahrheit.

Erstes Buch.

Am 28. August 1749, Mittags mit dem Glockenschlage
Zwölf, kam ich in Frankfurt am Main auf die Welt.

Wenn man sich erinnern will, was uns in der frühsten
Zeit der Jugend begegnet ist, so kommt man oft in den Fall,
dasjenige, was wir von Andern gehört, mit dem zu verwech= 5
seln, was wir wirklich aus eigner anschauender Erfahrung
besitzen. Ohne also hierüber eine genaue Untersuchung an=
zustellen, welche ohnehin zu nichts führen kann, bin ich mir
bewußt, daß wir in einem alten Hause wohnten, welches
eigentlich aus zwei durchgebrochenen Häusern bestand. Eine 10
thurmartige Treppe führte zu unzusammenhangenden Zim=
mern, und die Ungleichheit der Stockwerke war durch Stufen
ausgeglichen. Für uns Kinder, eine jüngere Schwester
und mich, war die untere weitläuftige Hausflur der liebste
Raum, welche neben der Thüre ein großes hölzernes Gitter= 15
werk hatte, wodurch man unmittelbar mit der Straße und
der freien Luft in Verbindung kam. Einen solchen Vogel=
bauer, mit dem viele Häuser versehen waren, nannte man
ein Geräms. Die Frauen saßen darin, um zu nähen
und zu stricken; die Köchin las ihren Salat; die Nach= 20

barinnen besprachen sich von daher mit einander, und die
Straßen gewannen dadurch in der guten Jahrszeit ein
südliches Ansehen. Man fühlte sich frei, indem man mit
dem Oeffentlichen vertraut war. So kamen auch durch
5 diese Gerämse die Kinder mit den Nachbarn in Verbindung,
und mich gewannen drei gegenüber wohnende Brüder von
Ochsenstein, hinterlassene Söhne des verstorbenen Schult=
heißen, gar lieb und beschäftigten und neckten sich mit mir
auf mancherlei Weise.

10 　　Meines Vaters Mutter, bei der wir eigentlich im Hause
wohnten, lebte in einem großen Zimmer hinten hinaus,
unmittelbar an der Hausflur, und wir pflegten unsere Spiele
bis an ihren Sessel, ja, wenn sie krank war, bis an ihr Bett
hin auszudehnen. Ich erinnere mich ihrer gleichsam als eines
15 Geistes, als einer schönen, hagern, immer weiß und reinlich
gekleideten Frau. Sanft, freundlich, wohlwollend ist sie mir
im Gedächtniß geblieben.

　　Wir hatten die Straße, in welcher unser Haus lag, den
Hirschgraben nennen hören; da wir aber weder Graben noch
20 Hirsche sahen, so wollten wir diesen Ausdruck erklärt wissen.
Man erzählte sodann, unser Haus stehe auf einem Raum, der
sonst außerhalb der Stadt gelegen, und da, wo jetzt die Straße
sich befinde, sei ehemals ein Graben gewesen, in welchem eine
Anzahl Hirsche unterhalten worden. Man habe diese Thiere
25 hier bewahrt und genährt, weil nach einem alten Herkom=
men der Senat alle Jahre einen Hirsch öffentlich verspeiset,
den man denn für einen solchen Festtag hier im Graben
immer zur Hand gehabt, wenn auch auswärts Fürsten und
Ritter der Stadt ihre Jagdbefugniß verkümmerten und störten,
30 oder wohl gar Feinde die Stadt eingeschlossen oder belagert
hielten. Dies gefiel uns sehr, und wir wünschten, eine solche

zahme Wildbahn wäre auch noch bei unſern Zeiten zu ſehen
geweſen.

Im zweiten Stock befand ſich ein Zimmer, welches man
das Gartenzimmer nannte, weil man ſich daſelbſt durch we⸗
nige Gewächſe vor dem Fenſter den Mangel eines Gartens 5
zu erſetzen geſucht hatte. Dort war, wie ich heranwuchs,
mein liebſter, zwar nicht trauriger, aber doch ſehnſüchtiger
Aufenthalt. Ueber Gärten hinaus, über Stadtmauern und
Wälle ſah man in eine ſchöne fruchtbare Ebene; es iſt die,
welche ſich nach Höchſt hinzieht. Dort lernte ich Sommers⸗ 10
zeit gewöhnlich meine Lectionen, wartete die Gewitter ab und
konnte mich an der untergehenden Sonne, gegen welche die
Fenſter gerade gerichtet waren, nicht ſatt genug ſehen. Da
ich aber zu gleicher Zeit die Nachbarn in ihren Gärten
wandeln und ihre Blumen beſorgen, die Kinder ſpielen, die 15
Geſellſchaften ſich ergetzen ſah, die Kegelkugeln rollen und die
Kegel fallen hörte, ſo erregte dies frühzeitig in mir ein Gefühl
der Einſamkeit und einer daraus entſpringenden Sehnſucht,
das, dem von der Natur in mich gelegten Ernſten und
Ahnungsvollen entſprechend, ſeinen Einfluß gar bald und 20
in der Folge noch deutlicher zeigte.

Innerhalb des Hauſes zog meinen Blick am Meiſten eine
Reihe römiſcher Prospecte auf ſich, mit welchen der Vater
einen Vorſaal ausgeſchmückt hatte, geſtochen von einigen
geſchickten Vorgängern des Piraneſi, die ſich auf Archi⸗ 25
tektur und Perſpective wohl verſtanden und deren Nadel ſehr
deutlich und ſchätzbar iſt. Hier ſah ich täglich die Piazza
del Popolo, das Coliſeo, den Petersplatz, die Peterskirche
von außen und innen, die Engelsburg und ſo manches
Andere. Dieſe Geſtalten drückten ſich tief bei mir ein, und 30
der ſonſt ſehr lakoniſche Vater hatte wohl manchmal die

Gefälligkeit, eine Beschreibung des Gegenstandes vernehmen
zu lassen. Seine Vorliebe für die italienische Sprache und
für Alles, was sich auf jenes Land bezieht, war sehr ausge=
sprochen. Eine kleine Marmor= und Naturaliensammlung,
5 die er von dorther mitgebracht, zeigte er uns auch manchmal
vor, und einen großen Theil seiner Zeit verwendete er auf
seine italienisch verfaßte Reisebeschreibung, deren Abschrift
und Redaction er eigenhändig, heftweise, langsam und genau
ausfertigte. Ein alter heiterer italienischer Sprachmeister,
10 Giovinazzi genannt, war ihm daran behilflich. Auch sang
der Alte nicht übel, und meine Mutter mußte sich bequemen,
ihn und sich selbst mit dem Klaviere täglich zu accompagniren;
da ich denn das Solitario bosco ombroso bald kennen
lernte und auswendig wußte, ehe ich es verstand.

15   Mein Vater war überhaupt lehrhafter Natur, und bei
seiner Entfernung von Geschäften wollte er gern dasjenige,
was er wußte und vermochte, auf Andere übertragen. So
hatte er meine Mutter in den ersten Jahren ihrer Verheira=
thung zum fleißigen Schreiben angehalten, wie zum Klavier=
20 spielen und Singen; wobei sie sich genöthigt sah, auch in
der italienischen Sprache einige Kenntniß und nothdürftige
Fertigkeit zu erwerben.

  Gewöhnlich hielten wir uns in allen unsern Freistunden
zur Großmutter, in deren geräumigem Wohnzimmer wir
25 hinlänglich Platz zu unsern Spielen fanden. Sie wußte
uns mit allerlei Kleinigkeiten zu beschäftigen und mit allerlei
guten Bissen zu erquicken. An einem Weihnachtsabende
jedoch setzte sie allen ihren Wohlthaten die Krone auf, indem
sie uns ein Puppenspiel vorstellen ließ und so in dem alten
30 Hause eine neue Welt erschuf. Dieses unerwartete Schauspiel
zog die jungen Gemüther mit Gewalt an sich; besonders auf

den Knaben machte es einen ſehr ſtarken Eindruck, der in eine
große, langdauernde Wirkung nachklang.

Die kleine Bühne mit ihrem ſtummen Perſonal, die man
uns anfangs nur vorgezeigt hatte, nachher aber zu eigner
Uebung und dramatiſcher Belebung übergab, mußte uns 5
Kindern um ſo viel werther ſein, als es das letzte Vermächt=
niß unſerer guten Großmutter war, die bald darauf durch
zunehmende Krankheit unſern Augen erſt entzogen und dann
für immer durch den Tod entriſſen wurde. Ihr Abſcheiden
war für die Familie von deſto größerer Bedeutung, als es 10
eine völlige Veränderung in dem Zuſtande derſelben nach
ſich zog.

So lange die Großmutter lebte, hatte mein Vater ſich
gehütet, nur das Mindeſte im Hauſe zu verändern oder zu
erneuern; aber man wußte wohl, daß er ſich zu einem 15
Hauptbau vorbereitete, der nunmehr auch ſogleich vorge=
nommen wurde. In Frankfurt, wie in mehrern alten
Städten, hatte man bei Aufführung hölzerner Gebäude, um
Platz zu gewinnen, ſich erlaubt, nicht allein mit dem erſten,
ſondern auch mit den folgenden Stöcken überzubauen; wo= 20
durch denn freilich beſonders enge Straßen etwas Düſteres
und Aengſtliches bekamen. Endlich ging ein Geſetz durch,
daß, wer ein neues Haus von Grund auf baue, nur mit
dem erſten Stock über das Fundament herausrücken dürfe,
die übrigen aber ſenkrecht aufführen müſſe. Mein Vater, 25
um den vorſpringenden Raum im zweiten Stock auch nicht
aufzugeben, wenig bekümmert um äußeres architektoniſches
Anſehen und nur um innere gute und bequeme Einrichtung
beſorgt, bediente ſich, wie ſchon mehrere vor ihm gethan, der
Ausflucht, die oberen Theile des Hauſes zu unterſtützen 30
und von unten herauf einen nach dem andern wegzunehmen

und das Neue gleichsam einzuschalten, so daß, wenn zuletzt
gewissermaßen nichts von dem Alten übrig blieb, der ganz
neue Bau noch immer für eine Reparatur gelten konnte.
Da nun also das Einreißen und Aufrichten allmählich
5 geschah, so hatte mein Vater sich vorgenommen, nicht aus
dem Hause zu weichen, um desto besser die Aufsicht zu führen
und die Anleitung geben zu können: denn aufs Technische
des Baues verstand er sich ganz gut; dabei wollte er aber
auch seine Familie nicht von sich lassen. Diese neue Epoche
10 war den Kindern sehr überraschend und sonderbar. Die
Zimmer, in denen man sie oft enge genug gehalten und mit
wenig erfreulichem Lernen und Arbeiten geängstigt, die
Gänge, auf denen sie gespielt, die Wände, für deren Rein=
lichkeit und Erhaltung man sonst so sehr gesorgt, Alles das
15 vor der Hacke des Maurers, vor dem Beile des Zimmer=
manns fallen zu sehen, und zwar von unten herauf, und
indessen oben auf unterstützten Balken, gleichsam in der Luft
zu schweben und dabei immer noch zu einer gewissen Lection,
zu einer bestimmten Arbeit angehalten zu werden — dieses
20 Alles brachte eine Verwirrung in den jungen Köpfen hervor,
die sich so leicht nicht wieder ins Gleiche setzen ließ. Doch
wurde die Unbequemlichkeit von der Jugend weniger em=
pfunden, weil ihr etwas mehr Spielraum als bisher und
manche Gelegenheit, sich auf Balken zu schaukeln und auf
25 Brettern zu schwingen, gelassen ward.

Hartnäckig setzte der Vater die erste Zeit seinen Plan
durch; doch als zuletzt auch das Dach theilweise abgetragen
wurde und ohngeachtet alles übergespannten Wachstuches
von abgenommenen Tapeten der Regen bis zu unsern Betten
30 gelangte, so entschloß er sich, obgleich ungern, die Kinder
wohlwollenden Freunden, welche sich schon früher dazu

erboten hatten, auf eine Zeit lang zu überlaſſen und ſie in
eine öffentliche Schule zu ſchicken.

Um dieſe Zeit war es eigentlich, daß ich meine Vaterſtadt
zuerſt gewahr wurde: wie ich denn nach und nach immer
freier und ungehinderter, theils allein, theils mit muntern 5
Geſpielen, darin auf und ab wandelte. Um den Eindruck,
den dieſe ernſten und würdigen Umgebungen auf mich
machten, einigermaßen mitzutheilen, muß ich hier mit der
Schilderung meines Geburtsortes vorgreifen, wie er ſich in
ſeinen verſchiedenen Theilen allmählich vor mir entwickelte. 10
Am Liebſten ſpazierte ich auf der großen Mainbrücke. Ihre
Länge, ihre Feſtigkeit, ihr gutes Anſehen machte ſie zu einem
bemerkenswerthen Bauwerk; auch iſt es aus früherer Zeit
beinahe das einzige Denkmal jener Vorſorge, welche die welt=
liche Obrigkeit ihren Bürgern ſchuldig iſt. Der ſchöne Fluß 15
auf und abwärts zog meine Blicke nach ſich; und wenn auf
dem Brückenkreuz der goldene Hahn im Sonnenſchein
glänzte, ſo war es mir immer eine erfreuliche Empfindung.
Gewöhnlich ward alsdann durch Sachſenhauſen ſpaziert und
die Ueberfahrt für einen Kreuzer gar behaglich genoſſen. 20
Da befand man ſich nun wieder dieſſeits, da ſchlich man zum
Weinmarkte, bewunderte den Mechanismus der Krahne,
wenn Waaren ausgeladen wurden; beſonders aber unterhielt
uns die Ankunft der Marktſchiffe, wo man ſo mancherlei
und mitunter ſo ſeltſame Figuren ausſteigen ſah. Ging es 25
nun in die Stadt herein, ſo ward jederzeit der Saalhof, der
wenigſtens an der Stelle ſtand, wo die Burg Kaiſer Karls
des Großen und ſeiner Nachfolger geweſen ſein ſollte, ehr=
furchtsvoll gegrüßt. Man verlor ſich in die alte Gewerbſtadt
und beſonders Markttages gern in dem Gewühl, das ſich 30
um die Bartholomäuskirche herum verſammelte. Hier hatte

ſich, von den frühſten Zeiten an, die Menge der Verkäufer
und Krämer übereinander gedrängt, und wegen einer ſolchen
Beſitznahme konnte nicht leicht in den neuern Zeiten eine
geräumige und heitere Anſtalt Platz finden. Die Buden
5 des ſogenannten Pfarreiſen waren uns Kindern ſehr
bedeutend, und wir trugen manchen Batzen hin, um uns
farbige, mit goldenen Thieren bedruckte Bogen anzuſchaffen.
Nur ſelten aber mochte man ſich über den beſchränkten,
vollgepfropften und unreinlichen Marktplatz hindrängen. So
10 erinnere ich mich auch, daß ich immer mit Entſetzen vor den
daranſtoßenden engen und häßlichen Fleiſchbänken gefloßen
bin. Der Römerberg war ein deſto angenehmerer Spazier=
platz.

　　Nichts architektoniſch Erhebendes war damals in Frank=
15 furt zu ſehen: Alles deutete auf eine längſt vergangene, für
Stadt und Gegend ſehr unruhige Zeit. Pforten und
Thürme, welche die Grenze der alten Stadt bezeichneten,
dann weiterhin abermals Pforten, Thürme, Mauern,
Brücken, Wälle, Gräben, womit die neue Stadt umſchloſſen
20 war, Alles ſprach noch zu deutlich aus, daß die Nothwendig=
keit, in unruhigen Zeiten dem Gemeinweſen Sicherheit zu
verſchaffen, dieſe Anſtalten hervorgebracht, daß die Plätze, die
Straßen, ſelbſt die neuen, breiter und ſchöner angelegten,
alle nur dem Zufall und der Willkür und keinem regelnden
25 Geiſte ihren Urſprung zu danken hatten.

　　Bedeutend blieb für uns das Rathhaus, der Römer
genannt. In ſeinen untern gewölbähnlichen Hallen ver=
loren wir uns gar zu gerne. Wir verſchafften uns Eintritt
in das große, höchſt einfache Seſſionszimmer des Rathes.
30 Bis auf eine gewiſſe Höhe getäfelt, waren übrigens die
Wände ſo wie die Wölbung weiß und das Ganze ohne

Spur von Malerei oder irgend einem Bildwerk. Nur an der mittelſten Wand in der Höhe las man die kurze Inſchrift:

> Eines Manns Rede
> Iſt keines Manns Rede:
>   Man ſoll ſie billig hören Beede. 5

Nach der alterthümlichſten Art waren für die Glieder dieſer Verſammlung Bänke ringsumher an der Vertäfelung angebracht und um eine Stufe von dem Boden erhöht. Da begriffen wir leicht, warum die Rangordnung unſeres Senats nach Bänken eingetheilt ſei. Von der Thüre linker 10 Hand bis in die gegenüberſtehende Ecke, als auf der erſten Bank, ſaßen die Schöffen, in der Ecke ſelbſt der Schultheiß, der einzige, der ein kleines Tiſchchen vor ſich hatte; zu ſeiner Linken bis gegen die Fenſterſeite ſaßen nunmehr die Herren der zweiten Bank; an den Fenſtern her zog ſich die 15 dritte Bank, welche die Handwerker einnahmen; in der Mitte des Saals ſtand ein Tiſch für den Protokollführer.

Waren wir einmal im Römer, ſo miſchten wir uns auch wohl in das Gedränge vor den burgemeiſterlichen Audien= zen. Aber größeren Reiz hatte Alles, was ſich auf Wahl und 20 Krönung der Kaiſer bezog. Wir wußten uns die Gunſt der Schließer zu verſchaffen, um die neue, heitre, in Fresco gemalte, ſonſt durch ein Gitter verſchloſſene Kaiſertreppe hinaufſteigen zu dürfen. Das mit Purpurtapeten und wunderlich verſchnörkelten Goldleiſten verzierte Wahlzimmer 25 flößte uns Ehrfurcht ein. Die Thürſtücke, auf welchen kleine Kinder oder Genien, mit dem kaiſerlichen Ornat bekleidet und belaſtet mit den Reichsinſignien, eine gar wunderliche Figur ſpielen, betrachteten wir mit großer Auf= merkſamkeit und hofften wohl auch, noch einmal eine Krö= 30

nung mit Augen zu erleben. Aus dem großen Kaisersaale
konnte man uns nur mit sehr vieler Mühe wieder heraus=
bringen, wenn es uns einmal geglückt war, hineinzuschlüpfen:
und wir hielten denjenigen für unsern wahrsten Freund,
5 der uns bei den Brustbildern der sämmtlichen Kaiser, die
in einer gewissen Höhe umher gemalt waren, etwas von
ihren Thaten erzählen mochte.

Von Karl dem Großen vernahmen wir manches Märchen=
hafte; aber das Historisch=Interessante für uns fing erst mit
10 Rudolph von Habsburg an, der durch seine Mannheit so
großen Verwirrungen ein Ende gemacht. Auch Karl der
Vierte zog unsre Aufmerksamkeit an sich. Wir hatten schon
von der goldnen Bulle und der peinlichen Halsgerichtsord=
nung gehört, auch daß er den Frankfurtern ihre Anhäng=
15 lichkeit an seinen edlen Gegenkaiser Günther von Schwarz=
burg nicht entgelten ließ. Maximilianen hörten wir als
einen Menschen= und Bürgerfreund loben, und daß von
ihm prophezeit worden, er werde der letzte Kaiser aus einem
deutschen Hause sein; welches denn auch leider eingetroffen,
20 indem nach seinem Tode die Wahl nur zwischen dem König
von Spanien, Karl dem Fünften, und dem König von
Frankreich, Franz dem Ersten, geschwankt habe. Bedenklich
fügte man hinzu, daß nun abermals eine solche Weissagung
oder vielmehr Vorbedeutung umgehe: denn es sei augen=
25 fällig, daß nur noch Platz für das Bild Eines Kaisers
übrig bleibe; ein Umstand, der, obgleich zufällig scheinend,
die Patriotischgesinnten mit Besorgniß erfülle.

Wenn wir nun so einmal unsern Umgang hielten, ver=
fehlten wir auch nicht, uns nach dem Dom zu begeben und
30 daselbst das Grab jenes braven, von Freund= und Feinden
geschätzten Günther zu besuchen. Der merkwürdige Stein,

der es ehmals bedeckte, ist in dem Chor aufgerichtet. Die
gleich daneben befindliche Thüre, welche ins Conclave führt,
blieb uns lange verschlossen, bis wir endlich durch die obern
Behörden auch den Eintritt in diesen so bedeutenden Ort zu
erlangen wußten. Allein wir hätten besser gethan, ihn durch 5
unsere Einbildungskraft, wie bisher, auszumalen: denn wir
fanden diesen in der deutschen Geschichte so merkwürdigen
Raum, wo die mächtigsten Fürsten sich zu einer Handlung
von solcher Wichtigkeit zu versammeln pflegten, keineswegs
würdig ausgeziert, sondern noch obenein mit Balken, Stan= 10
gen, Gerüsten und anderem solchen Gesperr, das man bei
Seite setzen wollte, verunstaltet. Desto mehr ward unsere
Einbildungskraft angeregt und das Herz uns erhoben, als
wir kurz nachher die Erlaubniß erhielten, beim Vorzeigen
der goldnen Bulle an einige vornehme Fremden auf dem 15
Rathhause gegenwärtig zu sein.

Hatte man in einer solchen patriotischen Beschränkung
kaum ein halbes Jahr hingebracht, so traten schon die Messen
wieder ein, welche in den sämmtlichen Kinderköpfen jederzeit
eine unglaubliche Gährung hervorbrachten. Eine durch 20
Erbauung so vieler Buden innerhalb der Stadt in weniger
Zeit entspringende neue Stadt, das Wogen und Treiben,
das Abladen und Auspacken der Waaren erregte von den
ersten Momenten des Bewußtseins an eine unbezwinglich
thätige Neugierde und ein unbegrenztes Verlangen nach 25
kindischem Besitz, das der Knabe mit wachsenden Jahren,
bald auf diese, bald auf jene Weise, wie es die Kräfte seines
kleinen Beutels erlauben wollten, zu befriedigen suchte. Zu=
gleich aber bildete sich die Vorstellung von dem, was die Welt
Alles hervorbringt, was sie bedarf und was die Bewohner 30
ihrer verschiedenen Theile gegen einander auswechseln.

Diese großen, im Frühjahr und Herbst eintretenden
Epochen wurden durch seltsame Feierlichkeiten angekündigt,
welche um desto würdiger schienen, als sie die alte Zeit, und
was von dort her noch auf uns gekommen, lebhaft verge=
5 genwärtigten. Am Geleitstag war das ganze Volk auf den
Beinen, drängte sich nach der Fahrgasse, nach der Brücke,
bis über Sachsenhausen hinaus; alle Fenster waren besetzt,
ohne daß den Tag über was Besonderes vorging; die
Menge schien nur da zu sein, um sich zu drängen, und die
10 Zuschauer, um sich unter einander zu betrachten: denn das,
worauf es eigentlich ankam, ereignete sich erst mit sinkender
Nacht und wurde mehr geglaubt als mit Augen gesehen.

In jenen ältern unruhigen Zeiten nämlich, wo ein
Jeder nach Belieben Unrecht that, oder nach Lust das Rechte
15 beförderte, wurden die auf die Messen ziehenden Handelsleute
von Wegelagerern edlen und unedlen Geschlechts willkürlich
geplagt und geplackt, so daß Fürsten und andere mächtige
Stände die Ihrigen mit gewaffneter Hand bis nach Frank=
furt geleiten ließen. Hier wollten nun aber die Reichs=
20 städter sich selbst und ihrem Gebiet nichts vergeben; sie zogen
den Ankömmlingen entgegen: da gab es denn manchmal
Streitigkeiten, wie weit jene Geleitenden herankommen, oder
ob sie wohl gar ihren Einritt in die Stadt nehmen könnten.
Weil nun dieses nicht allein bei Handels= und Meßgeschäften
25 stattfand, sondern auch, wenn hohe Personen in Kriegs= und
Friedenszeiten, vorzüglich aber zu Wahltagen, sich heranbe=
gaben, und es auch öfters zu Thätlichkeiten kam, sobald
irgend ein Gefolge, das man in der Stadt nicht dulden
wollte, sich mit seinem Herrn hereinzudrängen begehrte: so
30 waren zeither darüber manche Verhandlungen gepflogen, es
waren viele Recesse deshalb, obgleich stets mit beiderseitigen

Vorbehalten, geschlossen worden, und man gab die Hoffnung
nicht auf, den seit Jahrhunderten dauernden Zwist endlich
einmal beizulegen, als die ganze Anstalt, weshalb er so lange
und oft sehr heftig geführt worden war, beinah für unnütz,
wenigstens für überflüssig angesehen werden konnte.   5

Unterdessen ritt die bürgerliche Cavallerie in mehreren Ab-
theilungen, mit den Oberhäuptern an ihrer Spitze, an jenen
Tagen zu verschiedenen Thoren hinaus, fand an einer gewissen
Stelle einige Reiter oder Husaren der zum Geleit berechtigten
Reichsstände, die nebst ihren Anführern wohl empfangen und   10
bewirthet wurden; man zögerte bis gegen Abend und ritt
alsbann, kaum von der wartenden Menge gesehen, zur
Stadt herein; da denn mancher bürgerliche Reiter weder sein
Pferd noch sich selbst auf dem Pferde zu erhalten vermochte.
Zu dem Brückenthore kamen die bedeutendsten Züge herein,   15
und deswegen war der Andrang dorthin am Stärksten. Ganz
zuletzt und mit sinkender Nacht langte der auf gleiche Weise
geleitete Nürnberger Postwagen an, und man trug sich mit
der Rede, es müsse jederzeit, dem Herkommen gemäß, eine
alte Frau darin sitzen; weshalb denn die Straßenjungen   20
bei Ankunft des Wagens in ein gellendes Geschrei auszu-
brechen pflegten, ob man gleich die im Wagen sitzenden
Passagiere keineswegs mehr unterscheiden konnte. Unglaub-
lich und wirklich die Sinne verwirrend war der Drang
der Menge, die in diesem Augenblick durch das Brücken-   25
thor herein dem Wagen nachstürzte, deswegen auch die
nächsten Häuser von den Zuschauern am Meisten gesucht
wurden.

Eine andere, noch viel seltsamere Feierlichkeit, welche am
hellen Tage das Publicum aufregte, war das Pfeifergericht. 30
Es erinnerte diese Ceremonie an jene ersten Zeiten, wo

bedeutende Handelsstädte sich von den Zöllen, welche mit
Handel und Gewerb in gleichem Maaße zunahmen, wo nicht
zu befreien, doch wenigstens eine Milderung derselben zu
erlangen suchten. Der Kaiser, der ihrer bedurfte, ertheilte
5 eine solche Freiheit da, wo es von ihm abhing, gewöhnlich
aber nur auf ein Jahr, und sie mußte daher jährlich erneuert
werden. Dieses geschah durch symbolische Gaben, welche dem
kaiserlichen Schultheißen, der auch wohl gelegentlich Ober=
zöllner sein konnte, vor Eintritt der Bartholomäi=Messe ge=
10 bracht wurden, und zwar des Anstands wegen, wenn er mit
den Schöffen zu Gericht saß. Als der Schultheiß späterhin
nicht mehr vom Kaiser gesetzt, sondern von der Stadt selbst
gewählt wurde, behielt er doch diese Vorrechte, und sowohl
die Zollfreiheiten der Städte, als die Ceremonien, womit die
15 Abgeordneten von Worms, Nürnberg und Alt=Bamberg diese
uralte Vergünstigung anerkannten, waren bis auf unsere
Zeiten gekommen. Den Tag vor Mariä Geburt ward ein
öffentlicher Gerichtstag angekündigt. In dem großen Kaiser=
saale, in einem umschränkten Raume, saßen erhöht die
20 Schöffen, und eine Stufe höher der Schultheiß in ihrer
Mitte; die von den Parteien bevollmächtigten Procuratoren
unten zur rechten Seite. Der Actuarius fängt an, die auf
diesen Tag gesparten wichtigen Urtheile laut vorzulesen: die
Procuratoren bitten um Abschrift, appelliren, oder was sie
25 sonst zu thun nöthig finden.

Auf einmal meldet eine wunderliche Musik gleichsam die
Ankunft voriger Jahrhunderte. Es sind drei Pfeifer, deren
einer eine alte Schalmei, der andere einen Baß, der dritte
einen Pommer oder Hoboe bläst. Sie tragen blaue, mit
30 Gold verbrämte Mäntel, auf den Aermeln die Noten be=
festigt, und haben das Haupt bedeckt. So waren sie aus ihrem

Gasthause, die Gesandten und ihre Begleitung hinterdrein, Punkt Zehn ausgezogen, von Einheimischen und Fremden angestaunt, und so treten sie in den Saal. Die Gerichts=verhandlungen halten inne, Pfeifer und Begleitung bleiben vor den Schranken, der Abgesandte tritt hinein und stellt sich 5 dem Schultheißen gegenüber. Die symbolischen Gaben, welche auf das Genaueste nach dem alten Herkommen gefordert wur=den, bestanden gewöhnlich in solchen Waaren, womit die darbringende Stadt vorzüglich zu handeln pflegte. Der Pfeffer galt gleichsam für alle Waaren, und so brachte auch hier der 10 Abgesandte einen schön gedrechselten hölzernen Pokal mit Pfeffer angefüllt. Ueber demselben lagen ein Paar Hand=schuhe, wundersam geschlitzt, mit Seide besteppt und bequastet, als Zeichen einer gestatteten und angenommenen Vergün=stigung, dessen sich auch wohl der Kaiser selbst in gewissen 15 Fällen bediente. Daneben sah man ein weißes Stäbchen, welches vormals bei gesetzlichen und gerichtlichen Handlungen nicht leicht fehlen durfte. Es waren noch einige kleine Silber=münzen hinzugefügt, und die Stadt Worms brachte einen alten Filzhut, den sie immer wieder einlöste, so daß derselbe 20 viele Jahre ein Zeuge dieser Ceremonien gewesen.

Nachdem der Gesandte seine Anrede gehalten, das Geschenk abgegeben, von dem Schultheißen die Versicherung fort=dauernder Begünstigung empfangen, so entfernte er sich aus dem geschlossenen Kreise; die Pfeifer bliesen, der Zug ging 25 ab, wie er gekommen war, das Gericht verfolgte seine Ge=schäfte, bis der zweite und endlich der dritte Gesandte eingeführt wurden; denn sie kamen erst einige Zeit nach einander, theils damit das Vergnügen des Publicums länger daure, theils auch weil es immer dieselben alterthümlichen Virtuosen waren, 30 welche Nürnberg für sich und seine Mitstädte zu unterhalten

und jedes Jahr an Ort und Stelle zu bringen übernommen
hatte.

Wir Kinder waren bei diesem Feste besonders interessirt,
weil es uns nicht wenig schmeichelte, unsern Großvater an
5 einer so ehrenvollen Stelle zu sehen, und weil wir gewöhnlich
noch selbigen Tag ihn ganz bescheiden zu besuchen pflegten,
um, wenn die Großmutter den Pfeffer in ihre Gewürzladen
geschüttet hätte, einen Becher und Stäbchen, ein Paar Hand=
schuh oder einen alten Räder=Albus zu erhaschen. Man
10 konnte sich diese symbolischen, das Alterthum gleichsam her=
vorzaubernden Ceremonien nicht erklären lassen, ohne in
vergangene Jahrhunderte wieder zurückgeführt zu werden,
ohne sich nach Sitten, Gebräuchen und Gesinnungen unserer
Altvordern zu erkundigen, die sich durch wieder auferstandene
15 Pfeifer und Abgeordnete, ja durch handgreifliche und für uns
besitzbare Gaben auf eine so wunderliche Weise vergegen=
wärtigten.

Solchen altehrwürdigen Feierlichkeiten folgte in guter
Jahrszeit manches für uns Kinder lustreichere Fest außerhalb
20 der Stadt unter freiem Himmel. An dem rechten Ufer des
Mains unterwärts, etwa eine halbe Stunde vom Thor, quillt
ein Schwefelbrunnen, sauber eingefaßt und mit uralten
Linden umgeben. Nicht weit davon steht der Hof zu den
guten Leuten, ehmals ein um dieser Quelle willen erbautes
25 Hospital. Auf den Gemeinweiden umher versammelte man
zu einem gewissen Tage des Jahres die Rindviehheerden aus
der Nachbarschaft, und die Hirten sammt ihren Mädchen
feierten ein ländliches Fest, mit Tanz und Gesang, mit
mancherlei Lust und Ungezogenheit. Auf der andern Seite
30 der Stadt lag ein ähnlicher, nur größerer Gemeindeplatz,
gleichfalls durch einen Brunnen und durch noch schönere

Linden geziert. Dorthin trieb man zu Pfingſten die Schaf=
heerden, und zu gleicher Zeit ließ man die armen ver=
bleichten Waiſenkinder aus ihren Mauern ins Freie;
denn man ſollte erſt ſpäter auf den Gedanken gerathen,
daß man ſolche verlaſſene Kreaturen, die ſich einſt durch 5
die Welt durchzuhelfen genöthigt ſind, früh mit der Welt in
Verbindung bringen, anſtatt ſie auf eine traurige Weiſe zu
hegen, ſie lieber gleich zum Dienen und Dulden gewöhnen
müſſe und alle Urſach habe, ſie von Kindesbeinen an ſo=
wohl phyſiſch als moraliſch zu kräftigen. Die Ammen und 10
Mägde, welche ſich ſelbſt immer gern einen Spaziergang
bereiten, verfehlten nicht, von den frühſten Zeiten, uns an
dergleichen Orte zu tragen und zu führen, ſo daß dieſe
ländlichen Feſte wohl mit zu den erſten Eindrücken gehören,
deren ich mich erinnern kann. 15

Das Haus war indeſſen fertig geworden, und zwar in
ziemlich kurzer Zeit, weil alles wohl überlegt, vorbereitet und
für die nöthige Geldſumme geſorgt war. Wir fanden uns
nun Alle wieder verſammelt und fühlten uns behaglich: denn
ein wohlausgedachter Plan, wenn er ausgeführt daſteht, läßt 20
Alles vergeſſen, was die Mittel, um zu dieſem Zweck zu
gelangen, Unbequemes mögen gehabt haben. Das Haus war
für eine Privatwohnung geräumig genug, durchaus hell und
heiter, die Treppe frei, die Vorſäle luftig, und jene Ausſicht
über die Gärten aus mehreren Fenſtern bequem zu genießen. 25
Der innere Ausbau, und was zur Vollendung und Zierde
gehört, ward nach und nach vollbracht und diente zugleich
zur Beſchäftigung und zur Unterhaltung.

Das Erſte, was man in Ordnung brachte, war die
Bücherſammlung des Vaters, von welcher die beſten, in 30
Franz= oder Halbfranzband gebundenen Bücher die Wände

feines Arbeits= und Studirzimmers schmücken sollten. Er
besaß die schönen holländischen Ausgaben der lateinischen
Schriftsteller, welche er der äußern Uebereinstimmung wegen
sämmtlich in Quart anzuschaffen suchte; sodann Vieles, was
5 sich auf die römischen Antiquitäten und die elegantere Juris=
prudenz bezieht. Die vorzüglichsten italienischen Dichter fehlten
nicht, und für den Tasso bezeigte er eine große Vorliebe.
Die besten neusten Reisebeschreibungen waren auch vorhan=
den, und er selbst machte sich ein Vergnügen daraus, den
10 Keyßler und Nemeiz zu berichtigen und zu ergänzen. Nicht
weniger hatte er sich mit den nöthigsten Hilfsmitteln um=
geben, mit Wörterbüchern aus verschiedenen Sprachen, mit
Reallerifen, daß man sich also nach Belieben Raths erholen
konnte, so wie mit manchem Andern, was zum Nutzen und
15 Vergnügen gereicht.

Die andere Hälfte dieser Büchersammlung, in saubern
Pergamentbänden mit sehr schön geschriebenen Titeln, ward
in einem besondern Mansardzimmer aufgestellt. Das Nach=
schaffen der neuen Bücher, so wie das Binden und Einreihen
20 derselben betrieb er mit großer Gelassenheit und Ordnung.
Dabei hatten die gelehrten Anzeigen, welche diesem oder
jenem Werk besondere Vorzüge beilegten, auf ihn großen
Einfluß. Seine Sammlung juristischer Dissertationen ver=
mehrte sich jährlich um einige Bände.

25 Zunächst aber wurden die Gemälde, die sonst in dem
alten Hause zerstreut herumgehangen, nunmehr zusammen
an den Wänden eines freundlichen Zimmers neben der
Studirstube, alle in schwarzen, mit goldenen Stäbchen ver=
zierten Rahmen, symmetrisch angebracht. Mein Vater hatte
30 den Grundsatz, den er öfters und sogar leidenschaftlich aus=
sprach, daß man die lebenden Meister beschäftigen und weniger

auf die abgeschiedenen wenden solle, bei deren Schätzung sehr
viel Vorurtheil mit unterlaufe. Er hatte die Vorstellung,
daß es mit den Gemälden völlig wie mit den Rheinweinen
beschaffen sei, die, wenn ihnen gleich das Alter einen vorzüglichen Werth beilege, dennoch in jedem folgenden Jahre 5
ebenso vortrefflich als in den vergangenen könnten hervorgebracht werden. Nach Verlauf einiger Zeit werde der neue
Wein auch ein alter, ebenso kostbar und vielleicht noch
schmackhafter. In dieser Meinung bestätigte er sich vorzüglich durch die Bemerkung, daß mehrere alte Bilder 10
hauptsächlich dadurch für die Liebhaber einen großen Werth
zu erhalten schienen, weil sie dunkler und bräuner geworden
und der harmonische Ton eines solchen Bildes öfters gerühmt
wurde. Mein Vater versicherte dagegen, es sei ihm gar
nicht bange, daß die neuen Bilder künftig nicht auch schwarz 15
werden sollten; daß sie aber gerade dadurch gewönnen, wollte
er nicht zugestehen.

Man schritt auf diese Weise mit Vollendung der übrigen
Zimmer nach ihren verschiedenen Bestimmungen weiter.
Reinlichkeit und Ordnung herrschten im Ganzen; vorzüglich 20
trugen große Spiegelscheiben das Ihrige zu einer vollkom-
menen Helligkeit bei, die in dem alten Hause aus mehreren
Ursachen, zunächst aber auch wegen meist runder Fensterscheiben gefehlt hatte. Der Vater zeigte sich heiter, weil ihm
Alles gut gelungen war; und wäre der gute Humor nicht 25
manchmal dadurch unterbrochen worden, daß nicht immer der
Fleiß und die Genauigkeit der Handwerker seinen Forde-
rungen entsprachen, so hätte man kein glücklicheres Leben
denken können, zumal da manches Gute theils in der Familie
selbst entsprang, theils ihr von außen zufloß. 30

Durch ein außerordentliches Weltereigniß wurde jedoch

2—2

die Gemüthsruhe des Knaben zum erstenmal im Tiefsten
erschüttert. Am ersten November 1755 ereignete sich das
Erdbeben von Lissabon und verbreitete über die in Frieden
und Ruhe schon eingewohnte Welt einen ungeheuren
5 Schrecken. Eine große, prächtige Residenz, zugleich Handels-
und Hafenstadt, wird ungewarnt von dem furchtbarsten
Unglück betroffen. Die Erde bebt und schwankt, das Meer
braust auf, die Schiffe schlagen zusammen, die Häuser stürzen
ein, Kirchen und Thürme darüber her, der königliche Palast
10 zum Theil wird vom Meere verschlungen, die geborstene Erde
scheint Flammen zu speien; denn überall meldet sich Rauch
und Brand in den Ruinen. Sechzigtausend Menschen,
einen Augenblick zuvor noch ruhig und behaglich, gehen mit
einander zu Grunde, und der glücklichste darunter ist der zu
15 nennen, dem keine Empfindung, keine Besinnung über das
Unglück mehr gestattet ist. Die Flammen wüthen fort,
und mit ihnen wüthet eine Schaar sonst verborgener oder
durch dieses Ereigniß in Freiheit gesetzter Verbrecher. Die
unglücklichen Uebriggebliebenen sind dem Raube, dem
20 Morde, allen Mißhandlungen bloßgestellt, und so behauptet von allen Seiten die Natur ihre schrankenlose
Willkür.

Schneller als die Nachrichten hatten schon Andeutungen
von diesem Vorfall sich durch große Landstrecken verbreitet;
25 an vielen Orten waren schwächere Erschütterungen zu ver-
spüren, an manchen Quellen, besonders den heilsamen, ein
ungewöhnliches Innehalten zu bemerken gewesen: um desto
größer war die Wirkung der Nachrichten selbst, welche erst im
Allgemeinen, dann aber mit schrecklichen Einzelheiten sich rasch
30 verbreiteten. Hierauf ließen es die Gottesfürchtigen nicht an
Betrachtungen, die Philosophen nicht an Trostgründen, an

Strafpredigten die Geistlichkeit nicht fehlen. So vieles zusammen richtete die Aufmerksamkeit der Welt eine Zeit lang auf diesen Punkt, und die durch fremdes Unglück aufgeregten Gemüther wurden durch Sorgen für sich selbst und die Ihrigen um so mehr geängstigt, als über die weit= 5 verbreitete Wirkung dieser Explosion von allen Orten und Enden immer mehrere und umständlichere Nachrichten ein= liefen. Ja, vielleicht hat der Dämon des Schreckens zu keiner Zeit so schnell und so mächtig seine Schauer über die Erde verbreitet. 10

Der folgende Sommer gab eine nähere Gelegenheit, den zornigen Gott, von dem das Alte Testament so viel überliefert, unmittelbar kennen zu lernen. Unversehens brach ein Ha= gelwetter herein und schlug die neuen Spiegelscheiben der gegen Abend gelegenen Hinterseite des Hauses unter Donner 15 und Blitzen auf das Gewaltsamste zusammen, beschädigte die neuen Möbeln, verderbte einige schätzbare Bücher und sonst werthe Dinge und war für die Kinder um so fürchterlicher, als das ganz außer sich gesetzte Hausgesinde sie in einen dunklen Gang mit fortriß und dort auf den Knieen liegend 20 durch schreckliches Geheul und Geschrei die erzürnte Gottheit zu versöhnen glaubte; indessen der Vater, ganz allein gefaßt, die Fensterflügel aufriß und aushob; wodurch er zwar manche Scheiben rettete, aber auch dem auf den Hagel folgenden Regenguß einen desto offnern Weg bereitete, so daß man 25 sich nach endlicher Erholung auf den Vorsälen und Treppen von fluthendem und rinnendem Wasser umgeben sah.

Solche Vorfälle, wie störend sie auch im Ganzen waren, unterbrachen doch nur wenig den Gang und die Folge des Unterrichts, den der Vater selbst uns Kindern zu geben sich 30 einmal vorgenommen. Er hatte seine Jugend auf dem

Koburger Gymnasium zugebracht, welches unter den deut=
schen Lehranstalten eine der ersten Stellen einnahm. Er
hatte daselbst einen guten Grund in den Sprachen und was
man sonst zu einer gelehrten Erziehung rechnete, gelegt, nachher
5 in Leipzig sich der Rechtswissenschaft beflissen und zuletzt in
Gießen promovirt. Seine mit Ernst und Fleiß verfaßte
Dissertation: Electa de aditione hereditatis, wird noch
von den Rechtslehrern mit Lob angeführt.

　　Es ist ein frommer Wunsch aller Väter das, was ihnen
10 selbst abgegangen, an den Söhnen realisirt zu sehen, so
ohngefähr als wenn man zum zweitenmal lebte und die
Erfahrungen des ersten Lebenslaufes nun erst recht nutzen
wollte. Im Gefühl seiner Kenntnisse, in Gewißheit einer
treuen Ausdauer und im Mißtrauen gegen die damaligen
15 Lehrer, nahm der Vater sich vor, seine Kinder selbst zu unter=
richten und nur soviel, als es nöthig schien, einzelne Stunden
durch eigentliche Lehrmeister zu besetzen.

　　Meinem Vater war sein eigner Lebensgang bis dahin
ziemlich nach Wunsch gelungen; ich sollte denselben Weg
20 gehen, aber bequemer und weiter. Er schätzte meine ange=
bornen Gaben um so mehr, als sie ihm mangelten: denn er
hatte Alles nur durch unsäglichen Fleiß, Anhaltsamkeit und
Wiederholung erworben. Er versicherte mir öfters, früher
und später, im Ernst und Scherz, daß er mit meinen An=
25 lagen sich ganz anders würde benommen und nicht so
liederlich damit würde gewirthschaftet haben.

　　Durch schnelles Ergreifen, Verarbeiten und Festhalten
entwuchs ich sehr bald dem Unterricht, den mir mein Vater
und die übrigen Lehrmeister geben konnten, ohne daß ich doch
30 in irgend etwas begründet gewesen wäre. Die Grammatik
mißfiel mir, weil ich sie nur als ein willkürliches Gesetz ansah;

die Regeln ſchienen mir lächerlich, weil ſie durch ſo viele
Ausnahmen aufgehoben wurden, die ich alle wieder beſonders
lernen ſollte. Und wäre nicht der gereimte angehende La=
teiner geweſen, ſo hätte es ſchlimm mit mir ausgeſehen; doch
dieſen trommelte und ſang ich mir gern vor. So hatten wir 5
auch eine Geographie in ſolchen Gedächtnißverſen, wo uns
die abgeſchmackteſten Reime das zu Behaltende am beſten
einprägten, z. B.

> Ober=Yſſel; viel Moraſt
> Macht das gute Land verhaßt.   10

Die Sprachformen und =Wendungen faßte ich leicht; ſo
auch entwickelte ich mir ſchnell, was in dem Begriff einer
Sache lag. In rhetoriſchen Dingen, Chrieen und der=
gleichen that es mir Niemand zuvor, ob ich ſchon wegen
Sprachfehler oft hintanſtehen mußte. Solche Aufſätze waren 15
es jedoch, die meinem Vater beſondre Freude machten, und
wegen deren er mich mit manchem für einen Knaben be=
deutenden Geldgeſchenk belohnte.

Mein Vater lehrte die Schweſter in demſelben Zimmer
Italieniſch, wo ich den Cellarius auswendig zu lernen hatte. 20
Indem ich nun mit meinem Penſum bald fertig war und
doch ſtill ſitzen ſollte, horchte ich über das Buch weg und
faßte das Italieniſche, das mir als eine luſtige Abweichung
des Lateiniſchen auffiel, ſehr behende.

Andere Frühzeitigkeiten in Abſicht auf Gedächtniß und 25
Combination hatte ich mit jenen Kindern gemein, die dadurch
einen frühen Ruf erlangt haben. Deshalb konnte mein
Vater kaum erwarten, bis ich auf Akademie gehen würde.
Sehr bald erklärte er, daß ich in Leipzig, für welches er eine
große Vorliebe behalten, gleichfalls Jura ſtudiren, alsdann 30

noch eine andre Universität besuchen und promoviren sollte.
Was diese zweite betraf, war es ihm gleichgültig, welche ich
wählen würde; nur gegen Göttingen hatte er, ich weiß nicht
warum, einige Abneigung, zu meinem Leidwesen; denn ich
5 hatte gerade auf diese viel Zutrauen und große Hoffnungen
gesetzt.

Ferner erzählte er mir, daß ich nach Wetzlar und Regensburg, nicht weniger nach Wien und von da nach Italien
gehen sollte; ob er gleich wiederholt behauptete, man müsse
10 Paris voraus sehen, weil man aus Italien kommend sich an
nichts mehr ergetze.

Dieses Märchen meines künftigen Jugendganges ließ ich
mir gern wiederholen, besonders da es in eine Erzählung von
Italien und zuletzt in eine Beschreibung von Neapel auslief.
15 Sein sonstiger Ernst und Trockenheit schien sich jederzeit
aufzulösen und zu beleben, und so erzeugte sich in uns Kindern
der leidenschaftliche Wunsch, auch dieser Paradiese theilhaft
zu werden.

Privatstunden, welche sich nach und nach vermehrten,
20 theilte ich mit Nachbarskindern. Dieser gemeinsame Unterricht förderte mich nicht; die Lehrer gingen ihren Schlend-
rian, und die Unarten, ja manchmal die Bösartigkeiten
meiner Gesellen brachten Unruh, Verdruß und Störung in
die kärglichen Lehrstunden.

25 Wir Knaben hatten eine sonntägliche Zusammenkunft, wo
jeder von ihm selbst verfertigte Verse produciren sollte. Und
hier begegnete mir etwas Wunderbares, was mich sehr lange
in Unruh setzte. Meine Gedichte, wie sie auch sein mochten,
mußte ich immer für die bessern halten. Allein ich bemerkte
30 bald, daß meine Mitwerber, welche sehr lahme Dinge vor-
brachten, in dem gleichen Falle waren und sich nicht weniger

dünkten; ja, was mir noch bedenklicher schien, ein guter,
obgleich zu solchen Arbeiten völlig unfähiger Knabe, dem ich
übrigens gewogen war, der aber seine Reime sich vom Hof-
meister machen ließ, hielt diese nicht allein für die allerbesten,
sondern war völlig überzeugt, er habe sie selbst gemacht; wie 5
er mir, in dem vertrauteren Verhältniß, worin ich mit ihm
stand, jederzeit aufrichtig behauptete. Da ich nun solchen
Irrthum und Wahnsinn offenbar vor mir sah, fiel es mir
eines Tages aufs Herz, ob ich mich vielleicht selbst in dem
Fall befände, ob nicht jene Gedichte wirklich besser seien als 10
die meinigen, und ob ich nicht mit Recht jenen Knaben ebenso toll als sie mir vorkommen möchte? Dieses beunruhigte
mich sehr und lange Zeit: denn es war mir durchaus unmöglich, ein äußeres Kennzeichen der Wahrheit zu finden;
ja, ich stockte sogar in meinen Hervorbringungen, bis mich 15
endlich Leichtsinn und Selbstgefühl und zuletzt eine Probe-
arbeit beruhigten, die uns Lehrer und Eltern, welche auf
unsere Scherze aufmerksam geworden, aus dem Stegreif aufgaben, wobei ich gut bestand und allgemeines Lob davontrug.

Man hatte zu der Zeit noch keine Bibliotheken für Kinder 20
veranstaltet. Die Alten hatten selbst noch kindliche Gesinnungen und fanden es bequem, ihre eigene Bildung der
Nachkommenschaft mitzutheilen. Außer dem Orbis pictus
des Amos Comenius kam uns kein Buch dieser Art in die
Hände; aber die große Foliobibel, mit Kupfern von Merian, 25
ward häufig von uns durchblättert; Gottfrieds Chronik, mit
Kupfern desselben Meisters, belehrte uns von den merkwür-
digsten Fällen der Weltgeschichte; die Acerra philologica
that noch allerlei Fabeln, Mythologieen und Seltsamkeiten
hinzu; und da ich gar bald die Ovidischen Verwandlungen 30
gewahr wurde und besonders die ersten Bücher fleißig studirte,

so war mein junges Gehirn schnell genug mit einer Masse
von Bildern und Begebenheiten, von bedeutenden und wun=
derbaren Gestalten und Ereignissen angefüllt, und ich konnte
niemals lange Weile haben, indem ich mich immerfort
5 beschäftigte, diesen Erwerb zu verarbeiten, zu wiederholen,
wieder hervorzubringen.

Einen frömmern sittlichern Effect, als jene mitunter
rohen und gefährlichen Alterthümlichkeiten, machte Fenelons
Telemach, den ich erst nur in der Neukirchischen Uebersetzung
10 kennen lernte, und der, auch so unvollkommen überliefert, eine
gar süße und wohlthätige Wirkung auf mein Gemüth äußerte.
Daß Robinson Crusoe sich zeitig angeschlossen, liegt wohl in
der Natur der Sache; daß die Insel Felsenburg nicht gefehlt
habe, läßt sich denken. Lord Ansons Reise um die Welt
15 verband das Würdige der Wahrheit mit dem Phantasiereichen
des Märchens, und indem wir diesen trefflichen Seemann mit
den Gedanken begleiteten, wurden wir weit in alle Welt
hinausgeführt und versuchten, ihm mit unsern Fingern auf
dem Globus zu folgen.

20 Wie eine Familienspazierfahrt im Sommer durch ein
plötzliches Gewitter auf eine höchst verdrießliche Weise gestört
und ein froher Zustand in den widerwärtigsten verwandelt
wird, so fallen auch die Kinderkrankheiten unerwartet in die
schönste Jahrszeit des Frühlebens. Mir erging es auch
25 nicht anders. Ich hatte mir eben den Fortunatus mit seinem
Seckel und Wünschhütlein gekauft, als mich ein Mißbehagen
und ein Fieber überfiel, wodurch die Pocken sich ankündigten.
Die Einimpfung derselben ward bei uns noch immer für
sehr problematisch angesehen. und ob sie gleich populare
30 Schriftsteller schon faßlich und eindringlich empfohlen, so
zauderten doch die deutschen Aerzte mit einer Operation, welche

der Natur vorzugreifen schien. Speculirende Engländer
kamen daher aufs feste Land und impften, gegen ein
ansehnliches Honorar, die Kinder solcher Personen, die sie
wohlhabend und frei von Vorurtheil fanden. Die Mehrzahl
jedoch war noch immer dem alten Unheil ausgesetzt; die 5
Krankheit wüthete durch die Familien, tödtete und entstellte
viele Kinder, und wenige Eltern wagten es, nach einem
Mittel zu greifen, dessen wahrscheinliche Hülfe doch schon durch
den Erfolg mannigfaltig bestätigt war. Das Uebel betraf
nun auch unser Haus und überfiel mich mit ganz besonderer 10
Heftigkeit. Der ganze Körper war mit Blattern übersäet, das
Gesicht zugedeckt, und ich lag mehrere Tage blind und in
großen Leiden. Man suchte die möglichste Linderung und
versprach mir goldene Berge, wenn ich mich ruhig verhalten
und das Uebel nicht durch Reiben und Kratzen vermehren 15
wollte. Ich gewann es über mich; indessen hielt man uns,
nach herrschendem Vorurtheil, so warm als möglich und schärfte
dadurch nur das Uebel. Endlich, nach traurig verflossener
Zeit, fiel es mir wie eine Maske vom Gesicht, ohne daß die
Blattern eine sichtbare Spur auf der Haut zurückgelassen; 20
aber die Bildung war merklich verändert. Ich selbst war
zufrieden, nur wieder das Tageslicht zu sehen und nach und
nach die fleckige Haut zu verlieren; aber Andere waren unbarmherzig genug, mich öfters an den vorigen Zustand zu
erinnern; besonders eine sehr lebhafte Tante, die früher 25
Abgötterei mit mir getrieben hatte, konnte mich, selbst noch
in spätern Jahren, selten ansehen, ohne auszurufen: Pfui!
Vetter, wie garstig ist Er geworden! Dann erzählte sie mir
umständlich, wie sie sich sonst an mir ergötzt, welches Aufsehen
sie erregt, wenn sie mich umhergetragen; und so erfuhr ich 30
frühzeitig, daß uns die Menschen für das Vergnügen, das

wir ihnen gewährt haben, sehr oft empfindlich büßen
lassen.

Weder von Masern, noch Windblattern, und wie die
Quälgeister der Jugend heißen mögen, blieb ich verschont,
5 und jedesmal versicherte man mir, es wäre ein Glück,
daß dieses Uebel nun für immer vorüber sei; aber leider
drohte schon wieder ein andres im Hintergrund und rückte
heran.

Bei Gelegenheit dieses Familienleidens will ich auch
10 noch eines Bruders gedenken, welcher, um drei Jahr jünger
als ich, gleichfalls von jener Ansteckung ergriffen wurde und
nicht wenig davon litt. Er war von zarter Natur, still
und eigensinnig, und wir hatten niemals ein eigentliches
Verhältniß zusammen. Auch überlebte er kaum die Kinder=
15 jahre. Unter mehrern nachgebornen Geschwistern, die gleich=
falls nicht lang am Leben blieben, erinnere ich mich nur
eines sehr schönen und angenehmen Mädchens, die aber
auch bald verschwand, da wir denn nach Verlauf einiger
Jahre, ich und meine Schwester, uns allein übrig sahen und
20 nur um so inniger und liebevoller verbanden.

Jene Krankheiten und andere unangenehme Störungen
wurden in ihren Folgen doppelt lästig: denn mein Vater,
der sich einen gewissen Erziehungs= und Unterrichtskalender
gemacht zu haben schien, wollte jedes Versäumniß unmittelbar
25 wieder einbringen und belegte die Genesenden mit doppelten
Lectionen, welche zu leisten mir zwar nicht schwer, aber in
sofern beschwerlich fiel, als es meine innere Entwicklung, die
eine entschiedene Richtung genommen hatte, aufhielt und
gewissermaßen zurückdrängte.

30 Vor diesen didaktischen und pädagogischen Bedrängnissen
flüchteten wir gewöhnlich zu den Großeltern. Ihre Wohnung

lag auf der Friedberger Gasse und schien ehemals eine Burg
gewesen zu sein: denn wenn man herankam, sah man nichts
als ein großes Thor mit Zinnen, welches zu beiden Seiten an
zwei Nachbarhäuser stieß. Trat man hinein, so gelangte man
durch einen schmalen Gang endlich in einen ziemlich breiten 5
Hof, umgeben von ungleichen Gebäuden, welche nunmehr
alle zu Einer Wohnung vereinigt waren. Gewöhnlich eilten
wir sogleich in den Garten, der sich ansehnlich lang und breit
hinter den Gebäuden hin erstreckte und sehr gut unterhalten
war; die Gänge meistens mit Rebgeländer eingefaßt, ein 10
Theil des Raums den Küchengewächsen, ein andrer den
Blumen gewidmet, die vom Frühjahr bis in den Herbst in
reichlicher Abwechslung die Rabatten so wie die Beete
schmückten. Die lange, gegen Mittag gerichtete Mauer war
zu wohl gezogenen Spalier-Pfirsichbäumen genützt, von 15
denen uns die verbotenen Früchte den Sommer über gar
appetitlich entgegenreiften. Doch vermieden wir lieber diese
Seite, weil wir unsere Genäschigkeit hier nicht befriedigen
durften, und wandten uns zu der entgegengesetzten, wo eine
unabsehbare Reihe Johannis- und Stachelbeerbüsche unserer 20
Gierigkeit eine Folge von Ernten bis in den Herbst eröffnete.
Nicht weniger war uns ein alter, hoher, weitverbreiteter
Maulbeerbaum bedeutend, sowohl wegen seiner Früchte, als
auch weil man uns erzählte, daß von seinen Blättern die
Seidenwürmer sich ernährten. In diesem friedlichen Revier 25
fand man jeden Abend den Großvater mit behaglicher
Geschäftigkeit eigenhändig die feinere Obst- und Blumenzucht
besorgend, indeß ein Gärtner die gröbere Arbeit verrichtete.
Die vielfachen Bemühungen, welche nöthig sind, um einen
schönen Nelkenflor zu erhalten und zu vermehren, ließ er 30
sich niemals verdrießen. Er selbst band sorgfältig die Zweige

der Pfirsichbäume fächerartig an die Spaliere, um einen
reichlichen und bequemen Wachsthum der Früchte zu befördern. Das Sortiren der Zwiebeln von Tulpen, Hyacinthen
und verwandter Gewächse, so wie die Sorge für Aufbewah-
5 rung derselben überließ er Niemandem; und noch erinnere
ich mich gern, wie emsig er sich mit dem Oculiren der
verschiedenen Rosenarten beschäftigte. Dabei zog er, um sich
vor den Dornen zu schützen, jene alterthümlichen ledernen
Handschuhe an, die ihm beim Pfeifergericht jährlich in Triplo
10 überreicht wurden, woran es ihm deshalb niemals mangelte.
So trug er auch immer einen talarähnlichen Schlafrock, und
auf dem Haupt eine faltige schwarze Sammtmütze, so daß er
eine mittlere Person zwischen Alcinous und Laertes hätte
vorstellen können.

15 Alle diese Gartenarbeiten betrieb er ebenso regelmäßig
und genau als seine Amtsgeschäfte: denn eh er herunterkam,
hatte er immer die Registrande seiner Proponenden für den
andern Tag in Ordnung gebracht und die Acten gelesen.
Ebenso fuhr er Morgens aufs Rathhaus, speiste nach seiner
20 Rückkehr, nickte hierauf in seinem Großstuhl, und so ging
Alles einen Tag wie den andern. Er sprach wenig, zeigte
keine Spur von Heftigkeit; ich erinnere mich nicht, ihn
zornig gesehen zu haben. Alles, was ihn umgab, war al-
terthümlich. In seiner getäfelten Stube habe ich niemals
25 irgend eine Neuerung wahrgenommen. Seine Bibliothek
enthielt außer juristischen Werken nur die ersten Reisebeschreibungen, Seefahrten und Länder-Entdeckungen. Ueber-
haupt erinnere ich mich keines Zustandes, der so wie dieser
das Gefühl eines unverbrüchlichen Friedens und einer
30 ewigen Dauer gegeben hätte.

Wir waren auf gar mannigfaltige Weise beschäftigt und

unterhalten, wenn wir die an einen Materialienhändler
Melber verheirathete zweite Tochter beſuchten, deren Woh=
nung und Laden mitten im lebhafteſten, gedrängteſten
Theile der Stadt an dem Markte lag. Hier ſahen wir nun
dem Gewühl und Gedränge, in welches wir uns ſcheuten zu 5
verlieren, ſehr vergnüglich aus den Fenſtern zu; und wenn
uns im Laden unter ſo vielerlei Waaren anfänglich nur das
Süßholz und die daraus bereiteten braunen geſtempelten
Zeltlein vorzüglich intereſſirten, ſo wurden wir doch allmählich
mit der großen Menge von Gegenſtänden bekannt, welche bei 10
einer ſolchen Handlung aus= und einfließen. Dieſe Tante
war unter den Geſchwiſtern die lebhafteſte. Wenn meine
Mutter in jüngern Jahren ſich in reinlicher Kleidung, bei
einer zierlichen weiblichen Arbeit, oder im Leſen eines Buches
gefiel, ſo fuhr jene in der Nachbarſchaft umher, um ſich dort 15
verſäumter Kinder anzunehmen, ſie zu warten, zu kämmen
und herumzutragen, wie ſie es denn auch mit mir eine gute
Weile ſo getrieben. Zur Zeit öffentlicher Feierlichkeiten, wie
bei Krönungen, war ſie nicht zu Hauſe zu halten. Als
kleines Kind ſchon hatte ſie nach dem bei ſolchen Gelegenheiten 20
ausgeworfenen Gelde gehaſcht, und man erzählte ſich: wie ſie
einmal eine gute Partie beiſammen gehabt und ſolches ver=
gnüglich in der flachen Hand beſchaut, habe ihr einer dagegen
geſchlagen, wodurch denn die wohlerworbene Beute auf einmal
verloren gegangen. Nicht weniger wußte ſie ſich viel damit, 25
daß ſie dem vorbeifahrenden Kaiſer Karl dem Siebenten,
während eines Augenblicks, da alles Volk ſchwieg, auf einem
Prallſteine ſtehend, ein heftiges Vivat in die Kutſche gerufen
und ihn veranlaßt habe, den Hut vor ihr abzuziehen und für
dieſe kecke Aufmerkſamkeit gar gnädig zu danken. 30
Auch in ihrem Hauſe war um ſie her Alles bewegt,

lebenslustig und munter, und wir Kinder sind ihr manche frohe Stunde schuldig geworden.

In einem ruhigern, aber auch ihrer Natur angemessenen Zustande befand sich eine zweite Tante, welche mit dem
5 bei der St. Katharinen-Kirche angestellten Pfarrer Starck verheirathet war. Er lebte seiner Gesinnung und seinem Stande gemäß sehr einsam und besaß eine schöne Bibliothek. Hier lernte ich zuerst den Homer kennen, und zwar in einer prosaischen Uebersetzung, wie sie im siebenten Theil der durch
10 Herrn von Loen besorgten neuen Sammlung der merkwür-digsten Reisegeschichten, unter dem Titel: Homers Beschrei-bung der Eroberung des trojanischen Reichs, zu finden ist, mit Kupfern im französischen Theatersinne geziert. Diese Bilder verdarben mir dermaßen die Einbildungskraft, daß ich lange
15 Zeit die Homerischen Helden mir nur unter diesen Gestalten vergegenwärtigen konnte. Die Begebenheiten selbst gefielen mir unsäglich; nur hatte ich an dem Werke sehr auszusetzen, daß es uns von der Eroberung Troja's keine Nachricht gebe und so stumpf mit dem Tode Hektors endige. Mein Oheim,
20 gegen den ich diesen Tadel äußerte, verwies mich auf den Virgil, welcher denn meiner Forderung vollkommen Genüge that.

Zweites Buch.

Alles bisher Vorgetragene deutet auf jenen glücklichen und gemächlichen Zustand, in welchem sich die Länder während eines langen Friedens befinden. Nirgends aber genießt man eine solche schöne Zeit wohl mit größerem Behagen, als in Städten, die nach ihren eigenen Gesetzen 5 leben, die groß genug sind, eine ansehnliche Menge Bürger zu fassen, und wohl gelegen, um sie durch Handel und Wandel zu bereichern. Fremde finden ihren Gewinn, da aus- und einzuziehen, und sind genöthigt Vortheil zu bringen, um Vortheil zu erlangen. Beherrschen solche Städte auch kein 10 weites Gebiet, so können sie desto mehr im Innern Wohlhäbigkeit bewirken, weil ihre Verhältnisse nach außen sie nicht zu kostspieligen Unternehmungen oder Theilnahmen verpflichten.

Auf diese Weise verfloß den Frankfurtern während meiner 15 Kindheit eine Reihe glücklicher Jahre. Aber kaum hatte ich am 28. August 1756 mein siebentes Jahr zurückgelegt, als gleich darauf jener weltbekannte Krieg ausbrach, welcher auf die nächsten sieben Jahre meines Lebens auch großen Einfluß haben sollte. Friedrich der Zweite, König von Preußen, war 20 mit 60,000 Mann in Sachsen eingefallen, und statt einer vorgängigen Kriegserklärung folgte ein Manifest, wie man

sagte, von ihm selbst verfaßt, welches die Ursachen enthielt, die
ihn zu einem solchen ungeheuren Schritt bewogen und
berechtigt. Die Welt, die sich nicht nur als Zuschauer,
sondern auch als Richter aufgefordert fand, spaltete sich
5 sogleich in zwei Parteien, und unsere Familie war ein Bild
des großen Ganzen.

Mein Großvater, der als Schöff von Frankfurt über
Franz dem Ersten den Krönungshimmel getragen und von
der Kaiserin eine gewichtige goldene Kette mit ihrem Bildniß
10 erhalten hatte, war mit einigen Schwiegersöhnen und Töch-
tern auf östreichischer Seite. Mein Vater, von Karl dem
Siebenten zum kaiserlichen Rath ernannt und an dem
Schicksale dieses unglücklichen Monarchen gemüthlich theilnehmend, neigte sich mit der kleinern Familienhälfte gegen
15 Preußen. Gar bald wurden unsere Zusammenkünfte, die
man seit mehreren Jahren Sonntags ununterbrochen fortge-
setzt hatte, gestört. Die unter Verschwägerten gewöhnlichen
Mißhelligkeiten fanden nun erst eine Form, in der sie sich
aussprechen konnten. Man stritt, man überwarf sich, man
20 schwieg, man brach los. Der Großvater, sonst ein heitrer,
ruhiger und bequemer Mann, ward ungedulbig. Die Frauen
suchten vergebens das Feuer zu tüschen, und nach einigen
unangenehmen Scenen blieb mein Vater zuerst aus der
Gesellschaft. Nun freuten wir uns ungestört zu Hause der
25 preußischen Siege, welche gewöhnlich durch jene leidenschaftliche Tante mit großem Jubel verkündigt wurden. Alles
andere Interesse mußte diesem weichen, und wir brachten den
Ueberrest des Jahres in beständiger Agitation zu. Die
Besitznahme von Dresden, die anfängliche Mäßigung des
30 Königs, die zwar langsamen, aber sichern Fortschritte, der Sieg
bei Lowositz, die Gefangennehmung der Sachsen waren für

unsere Partei ebenso viele Triumphe. Alles, was zum Vortheil der Gegner angeführt werden konnte, wurde geläugnet
oder verkleinert; und da die entgegengesetzten Familienglieder
das Gleiche thaten, so konnten sie einander nicht auf der
Straße begegnen, ohne daß es Händel setzte, wie in Romeo 5
und Julie.

Und so war ich denn auch Preußisch, oder um richtiger
zu reden, Fritzisch gesinnt: denn was ging uns Preußen an!
Es war die Persönlichkeit des großen Königs, die auf alle
Gemüther wirkte. Ich freute mich mit dem Vater unserer 10
Siege, schrieb sehr gern die Siegslieder ab, und fast noch
lieber die Spottlieder auf die Gegenpartei, so platt die Reime
auch sein mochten.

Als ältester Enkel und Pathe hatte ich seit meiner Kindheit jeden Sonntag bei den Großeltern gespeist: es waren 15
meine vergnügtesten Stunden der ganzen Woche. Aber
nun wollte mir kein Bissen mehr schmecken: denn ich
mußte meinen Helden aufs Gräulichste verleumden hören.
Hier wehte ein anderer Wind, hier klang ein anderer Ton,
als zu Hause. Die Neigung, ja die Verehrung für meine 20
Großeltern nahm ab. Bei den Eltern durfte ich nichts davon
erwähnen; ich unterließ es aus eigenem Gefühl und auch
weil die Mutter mich gewarnt hatte. Dadurch war ich auf
mich selbst zurückgewiesen, und ich fing nun, wegen Friedrichs
des Zweiten, die Gerechtigkeit des Publicums zu bezweifeln 25
an. Die größten und augenfälligsten Verdienste wurden
geschmäht und angefeindet, die höchsten Thaten, wo nicht
geläugnet, doch wenigstens entstellt und verkleinert; und ein
so schnödes Unrecht geschah dem einzigen, offenbar über alle
seine Zeitgenossen erhabenen Manne, der täglich bewies und 30
darthat, was er vermöge; und dies nicht etwa vom Pöbel,

ſondern von vorzüglichen Männern, wofür ich doch meinen
Großvater und meine Oheime zu halten hatte. Daß es
Parteien geben könne, ja, daß er ſelbſt zu einer Partei gehörte,
davon hatte der Knabe keinen Begriff. Er glaubte um ſo
5 viel mehr Recht zu haben und ſeine Geſinnung für die beſſere
erklären zu dürfen, da er und die Gleichgeſinnten Marien
Thereſien ihre Schönheit und übrigen guten Eigenſchaften
ja gelten ließen und dem Kaiſer Franz ſeine Juwelen= und
Geldliebhaberei weiter auch nicht verargten; daß Graf Daun
10 manchmal eine Schlafmütze geheißen wurde, glaubten ſie
verantworten zu können.

Ob nun gleich die meiſten ſich dieſer wichtigen, in der
Ferne vorgehenden Ereigniſſe nur zu einer leidenſchaftlichen
Unterhaltung bedienten, ſo waren doch auch andere, welche
15 den Ernſt dieſer Zeiten wohl einſahen und befürchteten, daß
bei einer Theilnahme Frankreichs der Kriegsſchauplatz ſich
auch in unſern Gegenden aufthun könne. Man hielt uns
Kinder mehr als bisher zu Hauſe und ſuchte uns auf
mancherlei Weiſe zu beſchäftigen und zu unterhalten. Zu
20 ſolchem Ende hatte man das von der Großmutter hinterlaſſene
Puppenſpiel wieder aufgeſtellt, und zwar dergeſtalt einge=
richtet, daß die Zuſchauer in meinem Giebelzimmer ſitzen,
die ſpielenden und dirigirenden Perſonen aber, ſo wie das
Theater ſelbſt vom Proſcenium an, in einem Nebenzimmer
25 Platz und Raum fanden. Durch die beſondere Vergün=
ſtigung, bald dieſen, bald jenen Knaben als Zuſchauer
einzulaſſen, erwarb ich mir anfangs viele Freunde; allein die
Unruhe, die in den Kindern ſteckt, ließ ſie nicht lange
geduldige Zuſchauer bleiben. Sie ſtörten das Spiel, und
30 wir mußten uns ein jüngeres Publicum ausſuchen, das noch
allenfalls durch Ammen und Mägde in der Ordnung

gehalten werden konnte. Wir hatten das ursprüngliche
Hauptdrama, worauf die Puppengesellschaft eigentlich ein=
gerichtet war, auswendig gelernt und führten es anfangs
auch ausschließlich auf; allein dies ermüdete uns bald, wir
veränderten die Garderobe, die Decorationen, und wagten 5
uns an verschiedene Stücke, die freilich für einen so kleinen
Schauplatz zu weitläuftig waren.

Ich hatte früh gelernt, mit Zirkel und Lineal umzugehen,
indem ich den ganzen Unterricht, den man uns in der
Geometrie ertheilte, sogleich in das Thätige verwandte, und 10
Pappenarbeiten konnten mich höchlich beschäftigen. Doch
blieb ich nicht bei geometrischen Körpern, bei Kästchen und
solchen Dingen stehen, sondern ersann mir artige Lusthäuser,
welche mit Pilastern, Freitreppen und flachen Dächern aus=
geschmückt wurden; wovon jedoch wenig zu Stande kam. 15

Weit beharrlicher hingegen war ich, mit Hülfe unsers
Bedienten, eines Schneiders von Profession, eine Rüst=
kammer auszustatten, welche zu unsern Schau= und Trauer=
spielen dienen sollte, die wir, nachdem wir den Puppen über
den Kopf gewachsen waren, selbst aufzuführen Lust hatten. 20
Meine Gespielen verfertigten sich zwar auch solche Rüstungen
und hielten sie für ebenso schön und gut als die meinigen;
allein ich hatte es nicht bei den Bedürfnissen Einer Person
bewenden lassen, sondern konnte mehrere des kleinen Heeres
mit allerlei Requisiten ausstatten und machte mich daher 25
unserm kleinen Kreise immer nothwendiger. Daß solche
Spiele auf Parteiungen, Gefechte und Schläge hinwiesen
und gewöhnlich auch mit Händeln und Verdruß ein schreck=
liches Ende nahmen, läßt sich denken. In solchen Fällen
hielten gewöhnlich gewisse bestimmte Gespielen an mir, 30
andre auf der Gegenseite, ob es gleich öfter manchen Partei=

wechsel gab. Ein einziger Knabe, den ich Pylades nennen
will, verließ nur ein einzigmal, von den andern aufgehetzt,
meine Partei, konnte es aber kaum eine Minute aushalten,
mir feindselig gegenüber zu stehen; wir versöhnten uns unter
5 vielen Thränen und haben eine ganze Weile treulich zu-
sammengehalten.

Den Lügen und der Verstellung war ich abgeneigt und
überhaupt keineswegs leichtsinnig; vielmehr zeigte sich der
innere Ernst, mit dem ich schon früh mich und die Welt
10 betrachtete, auch in meinem Aeußern, und ich ward, oft
freundlich, oft auch spöttisch, über eine gewisse Würde berufen,
die ich mir herausnahm. Denn ob es mir zwar an guten,
ausgesuchten Freunden nicht fehlte, so waren wir doch immer
die Minderzahl gegen jene, die uns mit rohem Muthwillen
15 anzufechten ein Vergnügen fanden und uns freilich oft sehr
unsanft aus jenen märchenhaften, selbstgefälligen Träumen
aufweckten, in die wir uns, ich erfindend, und meine Gespielen
theilnehmend, nur allzugern verloren. Nun wurden wir
abermals gewahr, daß man, anstatt sich der Weichlichkeit und
20 phantastischen Vergnügungen hinzugeben, wohl eher Ursache
habe, sich abzuhärten, um die unvermeidlichen Uebel entweder
zu ertragen, oder ihnen entgegen zu wirken.

Da ich von einem solchen Leidenstrotz gleichsam Profession
machte, so wuchsen die Zudringlichkeiten der andern; und wie
25 eine unartige Grausamkeit keine Grenzen kennt, so wußte sie
mich doch aus meiner Grenze hinauszutreiben. Ich erzähle
einen Fall statt vieler. Der Lehrer war eine Stunde nicht
gekommen; so lange wir Kinder alle beisammen waren, unter-
hielten wir uns recht artig; als aber die mir Wohlwollenden,
30 nachdem sie lange genug gewartet, hinweggingen und ich mit
drei Mißwollenden allein blieb, so dachten diese mich zu

quälen, zu beschämen und zu vertreiben. Sie hatten mich
einen Augenblick im Zimmer verlaffen und kamen mit Ruthen
zurück, die sie sich aus einem geschwind zerschnittenen Besen
verschafft hatten. Ich merkte ihre Absicht, und weil ich das
Ende der Stunde nahe glaubte, so setzte ich aus dem Stegreife 5
bei mir fest, mich bis zum Glockenschlage nicht zu wehren.
Sie fingen darauf unbarmherzig an, mir die Beine und
Waden auf das Grausamste zu peitschen. Ich rührte mich
nicht, fühlte aber bald, daß ich mich verrechnet hatte, und daß
ein solcher Schmerz die Minuten sehr verlängert. Mit der 10
Duldung wuchs meine Wuth, und mit dem ersten Stunden=
schlag fuhr ich dem einen, der sich's am Wenigsten versah,
mit der Hand in die Nackenhaare und stürzte ihn augenblick=
lich zu Boden, indem ich mit dem Knie seinen Rücken drückte;
den andern, einen jüngeren und schwächeren, der mich von 15
hinten anfiel, zog ich bei dem Kopfe durch den Arm und
erdroffelte ihn fast, indem ich ihn an mich preßte. Nun war
der letzte noch übrig und nicht der schwächste, und mir blieb
nur die linke Hand zu meiner Vertheidigung. Allein ich
ergriff ihn beim Kleide, und durch eine geschickte Wendung 20
von meiner Seite, durch eine übereilte von seiner brachte ich
ihn nieder und stieß ihn mit dem Gesicht gegen den Boden.
Sie ließen es nicht an Beißen, Kratzen und Treten fehlen;
aber ich hatte nur meine Rache im Sinn und in den Glie=
dern. In dem Vortheil, in dem ich mich befand, stieß ich sie 25
wiederholt mit den Köpfen zusammen. Sie erhuben zuletzt ein
entsetzliches Zetergeschrei, und wir sahen uns bald von allen
Hausgenossen umgeben. Die umhergestreuten Ruthen und
meine Beine, die ich von den Strümpfen entblößte, zeugten
bald für mich. Man behielt sich die Strafe vor und ließ mich 30
aus dem Hause; ich erklärte aber, daß ich künftig bei der

geringsten Beleidigung einem oder dem andern die Augen
auskratzen, die Ohren abreißen, wo nicht gar ihn erdrosseln
würde.

Dieser Vorfall, ob man ihn gleich, wie es in kindischen
5 Dingen zu geschehen pflegt, bald wieder vergaß und sogar
belachte, war jedoch Ursache, daß die gemeinsamen Unterrichts=
stunden seltener wurden und zuletzt ganz aufhörten. Ich war
also wieder wie vorher mehr ins Haus gebannt, wo ich an
meiner Schwester Cornelia, die nur ein Jahr weniger zählte
10 als ich, eine an Annehmlichkeit immer wachsende Gesellschaf=
terin fand.

Ich will jedoch diesen Gegenstand nicht verlassen, ohne
noch einige Geschichten zu erzählen, wie mancherlei Unange=
nehmes mir von meinen Gespielen begegnet: denn das ist ja
15 eben das Lehrreiche solcher sittlichen Mittheilungen, daß der
Mensch erfahre, wie es Andern ergangen, und was auch er
vom Leben zu erwarten habe, und daß er, es mag sich ereignen
was will, bedenke, dieses widerfahre ihm als Menschen und
nicht als einem besonders Glücklichen oder Unglücklichen.
20 Nützt ein solches Wissen nicht viel, um die Uebel zu ver=
meiden, so ist es doch sehr dienlich, daß wir uns in die
Zustände finden, sie ertragen, ja sie überwinden lernen.

Gewalt ist eher mit Gewalt zu vertreiben; aber ein
gutgesinntes, zur Liebe und Theilnahme geneigtes Kind weiß
25 dem Hohn und dem bösen Willen wenig entgegenzusetzen.
Wenn ich die Thätlichkeiten meiner Gesellen so ziemlich
abzuhalten wußte, so war ich doch keineswegs ihren Stiche=
leien und Mißreden gewachsen, weil in solchen Fällen der=
jenige, der sich vertheidigt, immer verlieren muß. Es wurden
30 also auch Angriffe dieser Art, in sofern sie zum Zorn reizten,
mit physischen Kräften zurückgewiesen, oder sie regten wunder=

fame Betrachtungen in mir auf, die denn nicht ohne Folgen
bleiben konnten. Unter andern Vorzügen mißgönnten mir
die Uebelwollenden auch, daß ich mir in einem Verhältniß
gefiel, welches aus dem Schultheißenamt meines Großvaters
für die Familie entsprang: denn indem er als der erste unter 5
seines Gleichen dastand, hatte dieses doch auch auf die Sei-
nigen nicht geringen Einfluß. Und als ich mir einmal nach
gehaltenem Pfeifergerichte etwas darauf einzubilden schien,
meinen Großvater in der Mitte des Schöffenraths, eine Stufe
höher als die Andern, unter dem Bilde des Kaisers gleichsam 10
thronend gesehen zu haben, so sagte einer der Knaben höhnisch:
ich sollte doch, wie der Pfau auf seine Füße, so auf meinen
Großvater väterlicher Seite hinsehen, welcher Gastgeber zum
Weidenhof gewesen und wohl an die Thronen und Kronen
keinen Anspruch gemacht hätte. Ich erwiederte darauf, daß 15
ich davon keineswegs beschämt sei, weil gerade darin das
Herrliche und Erhebende unserer Vaterstadt bestehe, daß alle
Bürger sich einander gleich halten dürften, und daß einem
jeden seine Thätigkeit nach seiner Art förderlich und ehrenvoll
sein könne. Es sei mir nur leid, daß der gute Mann schon 20
so lange gestorben: denn ich habe mich auch ihn persönlich zu
kennen öfters gesehnt, sein Bildniß vielmals betrachtet, ja,
sein Grab besucht und mich wenigstens bei der Inschrift an
dem einfachen Denkmal seines vorübergegangenen Daseins
gefreut. Ich hatte von meinem Großvater wenig reden hören, 25
außer daß sein Bildniß mit dem meiner Großmutter in einem
Besuchzimmer des alten Hauses gehangen hatte, welche beide,
nach Erbauung des neuen, in einer obern Kammer auf-
bewahrt wurden. Meine Großmutter mußte eine sehr schöne
Frau gewesen sein, und von gleichem Alter mit ihrem Manne. 30
Doch wende ich lieber meinen Blick von jenen schönen

Zeiten hinweg: denn wer wäre im Stande, von der Fülle der
Kindheit würdig zu sprechen! Wir können die kleinen Geschöpfe,
die vor uns herumwandeln, nicht anders als mit Vergnügen,
ja mit Bewunderung ansehen: denn meist versprechen sie mehr,
5 als sie halten, und es scheint, als wenn die Natur unter andern
schelmischen Streichen, die sie uns spielt, auch hier sich ganz
besonders vorgesetzt, uns zum Besten zu haben. Die ersten
Organe, die sie Kindern mit auf die Welt giebt, sind dem
nächsten unmittelbaren Zustande des Geschöpfs gemäß; es
10 bedient sich derselben kunst= und anspruchslos, auf die ge=
schickteste Weise zu den nächsten Zwecken. Das Kind, an und
für sich betrachtet, mit seines Gleichen und in Beziehungen,
die seinen Kräften angemessen sind, scheint so verständig,
so vernünftig, daß nichts drüber geht, und zugleich so be=
15 quem, heiter und gewandt, daß man keine weitere Bildung
für dasselbe wünschen möchte. Wüchsen die Kinder in der
Art fort, wie sie sich andeuten, so hätten wir lauter Genies;
aber das Wachsthum ist nicht bloß Entwicklung; von man=
chen Fähigkeiten, von manchen Kraftäußerungen ist nach
20 einer gewissen Zeit kaum eine Spur mehr zu finden. Wenn
auch die menschlichen Anlagen im Ganzen eine entschiedene
Richtung haben, so wird es doch dem größten und erfahrensten
Kenner schwer sein, sie mit Zuverlässigkeit voraus zu ver=
künden; doch kann man hinterdrein wohl bemerken, was
25 auf ein Künftiges hingedeutet hat.

Hier muß ich bemerken, welchen stärkeren Einfluß nach
und nach die Kriegsbegebenheiten auf unsere Gesinnungen
und unsere Lebensweise ausübten.

Der ruhige Bürger steht zu den großen Weltereignissen
30 in einem wunderbaren Verhältniß. Schon aus der Ferne
regen sie ihn auf und beunruhigen ihn, und er kann sich

selbst wenn sie ihn nicht berühren, eines Urtheils, einer
Theilnahme nicht enthalten. Schnell ergreift er eine Partei,
nachdem ihn sein Charakter oder äußere Anlässe bestimmen.
Rücken so große Schicksale, so bedeutende Veränderungen
näher, dann bleibt ihm bei manchen äußern Unbequemlich= 5
keiten noch immer jenes innre Mißbehagen, verdoppelt und
schärft das Uebel meistentheils und zerstört das noch mögliche
Gute. Dann hat er von Freunden und Feinden wirklich zu
leiden, oft mehr von jenen als von diesen, und er weiß weder,
wie er seine Neigung, noch wie er seinen Vortheil wahren 10
und erhalten soll.

Das Jahr 1757, das wir noch in völlig bürgerlicher
Ruhe verbrachten, wurde demungeachtet in großer Gemüths=
bewegung verlebt. Reicher an Begebenheiten als dieses
war vielleicht kein anderes. Die Siege, die Großthaten, die 15
Unglücksfälle, die Wiederherstellungen folgten auf einander,
verschlangen sich und schienen sich aufzuheben; immer aber
schwebte die Gestalt Friedrichs, sein Name, sein Ruhm, in
Kurzem wieder oben. Der Enthusiasmus seiner Verehrer
ward immer größer und belebter, der Haß seiner Feinde 20
bitterer, und die Verschiedenheit der Ansichten, welche selbst
Familien zerspaltete, trug nicht wenig dazu bei, die ohnehin
schon auf mancherlei Weise von einander getrennten Bürger
noch mehr zu isoliren. Denn in einer Stadt wie Frank=
furt, wo drei Religionen die Einwohner in drei ungleiche 25
Massen theilen, wo nur wenige Männer, selbst von der
herrschenden, zum Regiment gelangen können, muß es gar
manchen Wohlhabenden und Unterrichteten geben, der sich
auf sich zurückzieht und durch Studien und Liebhabereien sich
eine eigne und abgeschlossene Existenz bildet. 30

Mein Vater hatte, sobald er von Reisen zurückgekommen,

nach seiner eigenen Sinnesart den Gedanken gefaßt, daß
er, um sich zum Dienste der Stadt fähig zu machen, eins
der subalternen Aemter übernehmen und solches ohne Emolu=
mente führen wolle, wenn man es ihm ohne Ballotage über=
5 gäbe. Er glaubte nach seiner Sinnesart, nach dem Begriffe,
den er von sich selbst hatte, im Gefühl seines guten Willens,
eine solche Auszeichnung zu verdienen, die freilich weder
gesetzlich noch herkömmlich war. Daher, als ihm sein Gesuch
abgeschlagen wurde, gerieth er in Aerger und Mißmuth,
10 verschwur, jemals irgend eine Stelle anzunehmen, und um
es unmöglich zu machen, verschaffte er sich den Charakter
eines kaiserlichen Rathes, den der Schultheiß und die ältesten
Schöffen als einen besondern Ehrentitel tragen. Dadurch
hatte er sich zum Gleichen der Obersten gemacht und konnte
15 nicht mehr von unten anfangen. Derselbe Beweggrund
führte ihn auch dazu, um die älteste Tochter des Schultheißen
zu werben, wodurch er auch auf dieser Seite von dem Rathe
ausgeschlossen ward. Er gehörte nun unter die Zurückgezo=
genen, welche niemals unter sich eine Societät machen. Sie
20 stehen so isolirt gegen einander wie gegen das Ganze, und um
so mehr, als sich in dieser Abgeschiedenheit das Eigenthümliche
der Charakter immer schroffer ausbildet. Mein Vater mochte
sich auf Reisen und in der freien Welt, die er gesehen, von
einer elegantern und liberalern Lebensweise einen Begriff
25 gemacht haben, als sie vielleicht unter seinen Mitbürgern
gewöhnlich war.

　　Ihm fehlte keine der Eigenschaften, die zu einem recht=
lichen und angesehenen Bürger gehören. Auch brachte er,
nachdem er sein Haus erbaut, seine Besitzungen von jeder
30 Art in Ordnung. Eine vortreffliche Landkartensammlung
der Schenk'schen und anderer damals vorzüglicher geo=

graphischen Blätter, mehrere der älteren Verordnungen und
Mandate der Reichstadt, ein Schrank alter Gewehre, ein
Schrank merkwürdiger Venetianischer Gläser, Becher und
Pokale, Naturalien, Elfenbeinarbeiten, Bronzen und hundert
andere Dinge wurden gesondert und aufgestellt, und ich 5
verfehlte nicht, bei vorfallenden Auctionen mir jederzeit
einige Aufträge zur Vermehrung des Vorhandenen zu erbitten.

Aus der Ferne machte der Name Klopstock auch schon
auf uns eine große Wirkung. Im Anfang wunderte man 10
sich, wie ein so vortrefflicher Mann so wunderlich heißen
könne, doch gewöhnte man sich bald daran und dachte nicht
mehr an die Bedeutung dieser Sylben. In meines Vaters
Bibliothek hatte ich bisher nur die früheren, besonders die zu
seiner Zeit nach und nach heraufgekommenen und gerühm- 15
ten Dichter gefunden. Alle diese hatten gereimt, und mein
Vater hielt den Reim für poetische Werke unerläßlich.
Canitz, Hagedorn, Drollinger, Gellert, Creuz,
Haller standen in schönen Franzbänden in einer Reihe.
An diese schlossen sich Neukirchs Telemach, Koppens 20
befreites Jerusalem und andere Uebersetzungen. Ich hatte
diese sämmtlichen Bände von Kindheit auf fleißig durch-
gelesen und theilweise memorirt, weßhalb ich denn zur Unterhaltung der Gesellschaft öfters aufgerufen wurde. Eine
verdrießliche Epoche im Gegentheil eröffnete sich für mei- 25
nen Vater, als durch Klopstocks Messias Verse, die ihm keine
Verse schienen, ein Gegenstand der öffentlichen Bewunderung
wurden. Er selbst hatte sich wohl gehütet, dieses Werk
anzuschaffen; aber unser Hausfreund, Rath Schneider,
schwärzte es ein und steckte es der Mutter und den Kin- 30
dern zu.

Auf diesen geschäftsthätigen Mann, welcher wenig las,
hatte der Messias gleich bei seiner Erscheinung einen mäch=
tigen Eindruck gemacht. Diese so natürlich ausgedrückten und
doch so schön veredelten frommen Gefühle, diese gefällige
5 Sprache, wenn man sie auch nur für harmonische Prosa
gelten ließ, hatten den übrigens trocknen Geschäftsmann so
gewonnen, daß er die zehn ersten Gesänge, denn von diesen
ist eigentlich die Rede, als das herrlichste Erbauungsbuch
betrachtete und solches alle Jahre einmal in der Charwoche,
10 in welcher er sich von allen Geschäften zu entbinden wußte,
für sich im Stillen durchlas und sich daran fürs ganze
Jahr erquickte. Anfangs dachte er seine Empfindungen
seinem alten Freunde mitzutheilen; allein er fand sich sehr
bestürzt, als er eine unheilbare Abneigung vor einem Werke
15 von so köstlichem Gehalt, wegen einer, wie es ihm schien,
gleichgiltigen äußern Form, gewahr werden mußte. Es
fehlte, wie sich leicht denken läßt, nicht an Wiederholung des
Gesprächs über diesen Gegenstand; aber beide Theile ent=
fernten sich immer weiter von einander, es gab heftige
20 Scenen, und der nachgiebige Mann ließ sich endlich gefallen,
von seinem Lieblingswerke zu schweigen, damit er nicht zu=
gleich einen Jugendfreund und eine gute Sonntagssuppe
verlöre.

Proselyten zu machen ist der natürlichste Wunsch eines
25 jeden Menschen, und wie sehr fand sich unser Freund im
Stillen belohnt, als er in der übrigen Familie für seinen
Heiligen so offen gesinnte Gemüther entdeckte. Das Crem=
plar, das er jährlich nur eine Woche brauchte, war uns für
die übrige Zeit gewidmet. Die Mutter hielt es heimlich,
30 und wir Geschwister bemächtigten uns desselben, wann
wir konnten, um in Freistunden, in irgend einem Winkel

verborgen, die auffallendsten Stellen auswendig zu lernen und besonders die zartesten und heftigsten so geschwind als möglich ins Gedächtniß zu faßen.

Portia's Traum recitirten wir um die Wette, und in das wilde verzweifelnde Gespräch zwischen Satan und Abrame= 5 lech, welche ins Todte Meer gestürzt worden, hatten wir uns getheilt. Die erste Rolle, als die gewaltsamste, war auf mein Theil gekommen, die andere, um ein wenig kläglicher, übernahm meine Schwester. Die wechselseitigen, zwar gräß= lichen, aber doch wohlklingenden Verwünschungen floßen nur 10 so vom Munde, und wir ergriffen jede Gelegenheit, uns mit diesen höllischen Redensarten zu begrüßen.

Es war ein Samstagsabend im Winter — der Vater ließ sich immer bei Licht rasiren, um Sonntags früh sich zur Kirche bequemlich anziehen zu können — wir saßen auf 15 einem Schemel hinter dem Ofen und murmelten, während der Barbier einseifte, unsere herkömmlichen Flüche ziemlich leise. Nun hatte aber Abramelech den Satan mit eisernen Händen zu faßen, meine Schwester packte mich gewaltig an und recitirte, zwar leise genug, aber doch mit steigender 20 Leidenschaft:

Hilf mir! ich flehe dich an, ich bete, wenn du es forderst,
Ungeheuer, dich an!...Verworfner, schwarzer Verbrecher,
Hilf mir! ich leide die Pein des rächenden ewigen Todes!
Vormals konnt' ich mit heißem, mit grimmigem Haße dich 25
    haßen!
Jetzt vermag ich's nicht mehr! Auch dies ist stechender
    Jammer!

Bisher war alles leidlich gegangen; aber laut, mit fürchter=
licher Stimme, rief sie die folgenden Worte: 30
O wie bin ich zermalmt!...

Der gute Chirurgus erschrak und goß dem Vater das
Seifenbecken in die Brust. Da gab es einen großen
Aufstand, und eine strenge Untersuchung ward gehalten,
besonders in Betracht des Unglücks, das hätte entstehen
5 können, wenn man schon im Rasiren begriffen gewesen wäre.
Um allen Verdacht des Muthwillens von uns abzulehnen,
bekannten wir uns zu unsern teuflischen Rollen, und das
Unglück, das die Hexameter angerichtet hatten, war zu
offenbar, als daß man sie nicht aufs Neue hätte verrufen
10 und verbannen sollen.

So pflegen Kinder und Volk das Große, das Erhabene
in ein Spiel, ja in eine Posse zu verwandeln; und wie
sollten sie auch sonst im Stande sein, es auszuhalten und zu
ertragen!

Drittes Buch.

Der Neujahrstag ward zu jener Zeit durch den all=
gemeinen Umlauf von persönlichen Glückwünschungen für
die Stadt sehr belebend. Wer sonst nicht leicht aus dem
Hause kam, warf sich in seine besten Kleider, um Gönnern
und Freunden einen Augenblick freundlich und höflich zu 5
sein. Für uns Kinder war besonders die Festlichkeit in dem
Hause des Großvaters an diesem Tage ein höchst erwünschter
Genuß. Mit dem frühsten Morgen waren die Enkel schon
daselbst versammelt, um die Trommeln, die Hoboen und
Klarinetten, die Posaunen und Zinken, wie sie das Militär, 10
die Stadtmusici und wer sonst alles ertönen ließ, zu ver=
nehmen. Die versiegelten und überschriebenen Neujahrs=
geschenke wurden von den Kindern unter die geringern
Gratulanten ausgetheilt, und wie der Tag wuchs, so ver=
mehrte sich die Anzahl der Honoratioren. Erst erschienen 15
die Vertrauten und Verwandten, dann die untern Staats=
beamten; die Herren vom Rathe selbst verfehlten nicht, ihren
Schultheiß zu begrüßen, und eine auserwählte Anzahl wurde
Abends in Zimmern bewirthet, welche das ganze Jahr über
kaum sich öffneten. Die Torten, Biscuitkuchen, Marzipane, 20
der süße Wein übte den größten Reiz auf die Kinder aus,

wozu noch kam, daß der Schultheiß so wie die beiden Burge=
meister aus einigen Stiftungen jährlich etwas Silberzeug
erhielten, welches denn den Enkeln und Pathen nach einer
gewissen Abstufung verehrt ward; genug, es fehlte diesem
5 Feste im Kleinen an nichts, was die größten zu verherrlichen
pflegt.

Der Neujahrstag 1759 kam heran, für uns Kinder
erwünscht und vergnüglich wie die vorigen, aber den ältern
Personen bedenklich und ahnungsvoll. Die Durchmärsche
10 der Franzosen war man zwar gewohnt, und sie ereigneten
sich öfters und häufig, aber doch am häufigsten in den letzten
Tagen des vergangenen Jahres. Nach alter reichsstädtischer
Sitte posaunte der Thürmer des Hauptthurms, so oft
Truppen heranrückten, und an diesem Neujahrstage wollte
15 er gar nicht aufhören, welches ein Zeichen war, daß größere
Heereszüge von mehreren Seiten in Bewegung seien. Wirk=
lich zogen sie auch in größeren Massen an diesem Tage durch
die Stadt; man lief, sie vorbeipassiren zu sehen. Sonst
war man gewohnt, daß sie nur in kleinen Partieen durch=
20 marschirten; diese aber vergrößerten sich nach und nach, ohne
daß man es verhindern konnte oder wollte. Genug, am
2. Januar, nachdem eine Colonne durch Sachsenhausen über
die Brücke durch die Fahrgasse bis an die Constablerwache
gelangt war, machte sie Halt, überwältigte das kleine, sie
25 durchführende Commando, nahm Besitz von gedachter Wache,
zog die Zeile hinunter, und nach einem geringen Widerstand
mußte sich auch die Hauptwache ergeben. Augenblicks
waren die friedlichen Straßen in einen Kriegsschauplatz
verwandelt. Dort verharrten und bivouakirten die Truppen,
30 bis durch regelmäßige Einquartierung für ihr Unterkommen
gesorgt wäre.

Diese unerwartete, seit vielen Jahren unerhörte Last drückte die behaglichen Bürger gewaltig, und Niemandem konnte sie beschwerlicher sein als dem Vater, der in sein kaum vollendetes Haus fremde militärische Bewohner aufnehmen, ihnen seine wohlaufgeputzten und meist verschlossenen Staats- 5 zimmer einräumen und das, was er so genau zu ordnen und zu regieren pflegte, fremder Willkür preisgeben sollte; er, ohnehin preußisch gesinnt, sollte sich nun von Franzosen in seinen Zimmern belagert sehen: es war das Traurigste, was ihm nach seiner Denkweise begegnen konnte. Wäre es 10 ihm jedoch möglich gewesen, die Sache leichter zu nehmen, da er gut französisch sprach und im Leben sich wohl mit Würde und Anmuth betragen konnte, so hätte er sich und uns manche trübe Stunde ersparen mögen; denn man quartierte bei uns den Königslieutenant, der, obgleich Militärperson, doch nur 15 die Civilvorfälle, die Streitigkeiten zwischen Soldaten und Bürgern, Schuldensachen und Händel zu schlichten hatte. Es war Graf Thorane, von Grasse in der Provence, unweit Antibes, gebürtig, eine lange hagre ernste Gestalt, das Gesicht durch die Blattern sehr entstellt, mit schwarzen 20 feurigen Augen, und von einem würdigen, zusammenge- nommenen Betragen. Gleich sein Eintritt war für den Hausbewohner günstig. Man sprach von den verschiedenen Zimmern, welche theils abgegeben werden, theils der Familie verbleiben sollten, und als der Graf ein Gemäldezimmer 25 erwähnen hörte, so erbat er sich gleich, ob es schon Nacht war, mit Kerzen die Bilder wenigstens flüchtig zu besehen. Er hatte an diesen Dingen eine übergroße Freude, bezeigte sich gegen den ihn begleitenden Vater auf das Verbindlichste, und als er vernahm, daß die meisten Künstler noch lebten, 30 sich in Frankfurt und in der Nachbarschaft aufhielten, so

versicherte er, daß er nichts mehr wünsche, als sie baldigst
kennen zu lernen und sie zu beschäftigen.

Aber auch diese Annäherung von Seiten der Kunst
vermochte nicht die Gesinnung meines Vaters zu ändern,
5 noch seinen Charakter zu beugen. Er ließ geschehen, was er
nicht verhindern konnte, hielt sich aber in unwirksamer
Entfernung, und das Außerordentliche, was nun um ihn
vorging, war ihm bis auf die geringste Kleinigkeit uner=
träglich:

10 Graf Thorane indessen betrug sich musterhaft. Nicht
einmal seine Landkarten wollte er an die Wände genagelt
haben, um die neuen Tapeten nicht zu verderben. Seine
Leute waren gewandt, still und ordentlich; aber freilich, da
den ganzen Tag und einen Theil der Nacht nicht Ruhe bei
15 ihm ward, da ein Klagender dem andern folgte, Arrestanten
gebracht und fortgeführt, alle Officiere und Adjutanten vor=
gelassen wurden, da der Graf noch überdies täglich offene
Tafel hielt: so gab es in dem mäßig großen, nur für eine
Familie eingerichteten Hause, das nur eine durch alle Stock=
20 werke unverschlossen durchgehende Treppe hatte, eine Bewe=
gung und ein Gesumme wie in einem Bienenkorbe, obgleich
Alles sehr gemäßigt, ernsthaft und streng zuging.

Zum Vermittler zwischen einem verdrießlichen, täglich
mehr sich hypochondrisch quälenden Hausherrn und einem
25 zwar wohlwollenden, aber sehr ernsten und genauen Mili=
tärgast fand sich glücklicherweise ein behaglicher Dolmetscher,
ein schöner, wohlbeleibter, heitrer Mann, der Bürger von
Frankfurt war und gut französisch sprach, sich in Alles zu
schicken wußte und mit mancherlei kleinen Unannehmlich=
30 keiten nur seinen Spaß trieb. Durch diesen hatte meine
Mutter dem Grafen ihre Lage bei dem Gemüthszustande

ihres Gatten vorstellen laſſen; er hatte die Sache ſo klüglich
ausgemalt, das neue noch nicht einmal ganz eingerichtete
Haus, die natürliche Zurückgezogenheit des Beſitzers, die
Beſchäftigung mit der Erziehung ſeiner Familie, und was ſich
alles ſonſt noch ſagen ließ, zu bedenken gegeben, ſo daß der 5
Graf, der an ſeiner Stelle auf die höchſte Gerechtigkeit,
Unbeſtechlichkeit und ehrenvollen Wandel den größten Stolz
ſetzte, auch hier ſich als Einquartierter muſterhaft zu be=
tragen vornahm, und es wirklich die einigen Jahre ſeines
Dableibens unter mancherlei Umſtänden unverbrüchlich ge= 10
halten hat.

Meine Mutter beſaß einige Kenntniß des Italieniſchen,
welche Sprache überhaupt Niemandem von der Familie fremd
war; ſie entſchloß ſich daher ſogleich Franzöſiſch zu lernen, zu
welchem Zweck der Dolmetſcher, dem ſie unter dieſen ſtür= 15
miſchen Ereigniſſen ein Kind aus der Taufe gehoben hatte,
und der nun auch als Gevatter zu dem Hauſe eine doppelte
Neigung ſpürte, ſeiner Gevatterin jeden abgemüßigten Au=
genblick ſchenkte (denn er wohnte gerade gegenüber) und ihr
vor allen Dingen diejenigen Phraſen einlernte, welche ſie 20
perſönlich dem Grafen vorzutragen habe; welches denn zum
Beſten gerieth.   Der Graf war geſchmeichelt von der Mühe,
welche die Hausfrau ſich in ihren Jahren gab, und weil
er einen heitern geiſtreichen Zug in ſeinem Charakter hatte,
auch eine gewiſſe trockne Galanterie gern ausübte, ſo entſtand 25
daraus das beſte Verhältniß, und die verbündeten Gevattern
konnten erlangen, was ſie wollten.

Wäre es, wie ſchon geſagt, möglich geweſen, den Vater zu
erheitern, ſo hätte dieſer veränderte Zuſtand wenig Drückendes
gehabt.   Der Graf übte die ſtrengſte Uneigennützigkeit; 30
ſelbſt Gaben, die ſeiner Stelle gebührten, lehnte er ab; das

Geringste, was einer Bestechung hätte ähnlich sehen können,
wurde mit Zorn, ja mit Strafe weggewiesen; seinen Leuten
war aufs Strengste befohlen, dem Hausbesitzer nicht die min-
besten Unkosten zu machen. Dagegen wurde uns Kindern
5 reichlich vom Nachtische mitgetheilt. Bei dieser Gelegenheit
muß ich, um von der Unschuld jener Zeiten einen Begriff zu
geben, anführen, daß die Mutter uns eines Tages höchlich
betrübte, indem sie das Gefrorene, das man uns von der
Tafel sendete, weggoß, weil es ihr unmöglich vorkam, daß der
10 Magen ein wahrhaftes Eis, wenn es auch noch so durch-
zuckert sei, vertragen könne.

Außer diesen Leckereien, die wir denn doch allmählich
ganz gut genießen und vertragen lernten, däuchte es uns
Kindern auch noch gar behaglich, von genauen Lehrstunden
15 und strenger Zucht einigermaßen entbunden zu sein. Des
Vaters üble Laune nahm zu, er konnte sich nicht in das
Unvermeidliche ergeben. Wie sehr quälte er sich, die Mutter
und den Gevatter, die Rathsherren, alle seine Freunde, nur
um den Grafen los zu werden! Vergebens stellte man ihm
20 vor, daß die Gegenwart eines solchen Mannes im Hause,
unter den gegebenen Umständen, eine wahre Wohlthat sei,
daß ein ewiger Wechsel, es sei nun von Officieren oder
Gemeinen, auf die Umquartierung des Grafen folgen würde.
Keins von diesen Argumenten wollte bei ihm greifen. Das
25 Gegenwärtige schien ihm so unerträglich, daß ihn sein Unmuth ein Schlimmeres, das folgen könnte, nicht gewahr
werden ließ.

Auf diese Weise ward seine Thätigkeit gelähmt, die er
sonst hauptsächlich auf uns zu wenden gewohnt war. Das,
30 was er uns aufgab, forderte er nicht mehr mit der sonstigen
Genauigkeit, und wir suchten, wie es nur möglich schien,

unsere Neugierde an militärischen und andern öffentlichen
Dingen zu befriedigen, nicht allein im Hause, sondern auch
auf den Straßen, welches um so leichter anging, da die
Tag und Nacht unverschlossene Hausthüre von Schildwachen
besetzt war, die sich um das Hin= und Wiederlaufen un= 5
ruhiger Kinder nicht bekümmerten.

Die mancherlei Angelegenheiten, die vor dem Richter=
stuhle des Königslieutenants geschlichtet wurden, hatten
dadurch noch einen ganz besondern Reiz, daß er einen
eigenen Werth darauf legte, seine Entscheidungen zugleich 10
mit einer witzigen, geistreichen, heitern Wendung zu begleiten.
Was er befahl, war streng gerecht; die Art, wie er es aus=
drückte, war launig und pikant. Er schien sich den Herzog
von Offuna zum Vorbilde genommen zu haben. Es ver=
ging kaum ein Tag, daß der Dolmetscher nicht eine oder die 15
andere solche Anekdote uns und der Mutter zur Aufheiterung
erzählte. Es hatte dieser muntere Mann eine kleine Samm=
lung solcher Salomonischen Entscheidungen gemacht; ich
erinnere mich aber nur des Eindrucks im Allgemeinen, ohne
im Gedächtniß ein Besonderes wieder zu finden. 20

Den wunderbaren Charakter des Grafen lernte man
nach und nach immer mehr kennen. Dieser Mann war sich
selbst seiner Eigenheiten aufs deutlichste bewußt, und weil er
gewisse Zeiten haben mochte, wo ihn eine Art von Unmuth,
Hypochondrie, oder wie man den bösen Dämon nennen soll, 25
überfiel, so zog er sich in solchen Stunden, die sich manchmal
zu Tagen verlängerten, in sein Zimmer zurück, sah Niemanden
als seinen Kammerdiener und war selbst in dringenden Fällen
nicht zu bewegen, daß er Audienz gegeben hätte. Sobald
aber der böse Geist vom ihm gewichen war, erschien er nach 30
wie vor, mild, heiter und thätig. Aus den Reden seines

Kammerdieners Saint Jean, eines kleinen hagern Mannes
von muntrer Gutmüthigkeit, konnte man schließen, daß er in
frühern Jahren, von solcher Stimmung überwältigt, großes
Unglück angerichtet und sich nun vor ähnlichen Abwegen,
5 bei einer so wichtigen, den Blicken aller Welt ausgesetzten
Stelle, zu hüten ernstlich vornehme.

Gleich in den ersten Tagen der Anwesenheit des Grafen
wurden die sämmtlichen Frankfurter Maler, als Hirt,
Schütz, Trautmann, Nothnagel, Juncker, zu ihm berufen.
10 Sie zeigten ihre fertigen Gemälde vor, und der Graf eignete
sich das Verkäufliche zu. Ihm wurde mein hübsches, helles
Giebelzimmer in der Mansarde eingeräumt und sogleich in
ein Kabinet und Atelier umgewandelt; denn er war Willens,
die sämmtlichen Künstler, vor allen aber Seekatz in Darm-
15 stadt, dessen Pinsel ihm besonders bei natürlichen und unschuldigen Vorstellungen höchlich gefiel, für eine ganze Zeit
in Arbeit zu setzen. Er ließ daher von Grasse, wo sein
älterer Bruder ein schönes Gebäude besitzen mochte, die
sämmtlichen Maaße aller Zimmer und Kabinette herbei-
20 kommen, überlegte sodann mit den Künstlern die Wand-
abtheilungen und bestimmte die Größe der hiernach zu
verfertigenden ansehnlichen Oelbilder, welche nicht in Rahmen
eingefaßt, sondern als Tapetentheile auf die Wand befestigt
werden sollten. Hier ging nun die Arbeit eifrig an. Seekatz
25 übernahm ländliche Scenen, worin die Greise und Kinder,
unmittelbar nach der Natur gemalt, ganz herrlich glückten;
die Jünglinge wollten ihm nicht ebenso gerathen, sie waren
meist zu hager, und die Frauen mißfielen aus der entgegengesetzten Ursache. Seine Bäume hatten Wahrheit, aber ein
30 kleinliches Blätterwerk. Er war ein Schüler von Brinck-
mann, dessen Pinsel in Staffeleigemälden nicht zu schelten ist.

Schütz, der Landschaftmaler, fand sich vielleicht am besten in die Sache. Die Rheingegenden hatte er ganz in seiner Gewalt, sowie den sonnigen Ton, der sie in der schönen Jahreszeit belebt. Er war nicht ganz ungewohnt, in einem größern Maaßstabe zu arbeiten, und auch da ließ er es an 5 Ausführung und Haltung nicht fehlen. Er lieferte sehr heitre Bilder.

Hirt malte einige gute Eichen- und Buchenwälder. Seine Heerden waren lobenswerth. Juncker, an die Nachahmung der ausführlichsten Niederländer gewöhnt, konnte sich am 10 wenigsten in diesen Tapetenstil finden; jedoch bequemte er sich für gute Zahlung, mit Blumen und Früchten manche Abtheilung zu verzieren.

Da ich alle diese Männer von meiner frühsten Jugend an gekannt und sie oft in ihren Werkstätten besucht hatte, 15 auch der Graf mich gern um sich leiden mochte, so war ich bei den Aufgaben, Berathschlagungen und Bestellungen, wie auch bei den Ablieferungen gegenwärtig und nahm mir, zumal wenn Skizzen und Entwürfe eingereicht wurden, meine Meinung zu eröffnen gar wohl heraus. Ich hatte 20 mir schon früher bei Gemäldeliebhabern, besonders aber auf Auktionen, denen ich fleißig beiwohnte, den Ruhm erworben, daß ich gleich zu sagen wisse, was irgend ein historisches Bild vorstelle, es sei nun aus der biblischen oder der Profan- Geschichte oder aus der Mythologie genommen, und wenn 25 ich auch den Sinn der allegorischen Bilder nicht immer traf, so war doch selten Jemand gegenwärtig, der es besser verstand als ich. So hatte ich auch öfters die Künstler vermocht, diesen oder jenen Gegenstand vorzustellen, und solcher Vortheile bediente ich mich gegenwärtig mit Lust 30 und Liebe. Ich erinnere mich noch, daß ich einen umständ-

lichen Aufſatz verfertigte, worin ich zwölf Bilder beſchrieb,
welche die Geſchichte Joſeph's darſtellen ſollten; einige davon
wurden ausgeführt.

Nach dieſen für einen Knaben allerdings löblichen Ver⸗
5 richtungen will ich auch einer kleinen Beſchämung, die mir
innerhalb dieſes Künſtlerkreiſes begegnete, Erwähnung thun.
Ich war nämlich mit allen Bildern wohl bekannt, welche
man nach und nach in jenes Zimmer gebracht hatte. Meine
jugendliche Neugierde ließ nichts ungeſehen und ununterſucht.
10 Einſt fand ich hinter dem Ofen ein ſchwarzes Käſtchen; ich
ermangelte nicht, zu forſchen, was darin verborgen ſei, und
ohne mich lange zu beſinnen, zog ich den Schieber weg. Der
Graf trat herein und ertappte mich. — „Wer hat Euch
erlaubt, dieſes Käſtchen zu eröffnen?" ſagte er mit ſeiner
15 Königslieutenantsmiene. Ich hatte nicht viel darauf zu
antworten, und er ſprach ſogleich die Strafe ſehr ernſthaft
aus: „Ihr werdet in acht Tagen," ſagte er, „dieſes Zimmer
nicht betreten!" — Ich machte eine Verbeugung und ging
hinaus. Auch gehorchte ich dieſem Gebot aufs Pünktlichſte,
20 ſo daß es dem guten Seekatz, der eben in dem Zimmer
arbeitete, ſehr verdrießlich war; denn er hatte mich gern
um ſich, und ich trieb aus einer kleinen Tücke den Gehorſam
ſo weit, daß ich Seekatzen ſeinen Kaffee, den ich ihm ge⸗
wöhnlich brachte, auf die Schwelle ſetzte, da er denn von
25 ſeiner Arbeit aufſtehen und ihn holen mußte, welches er ſo
übel empfand, daß er mir faſt gram geworden wäre.

Nun aber ſcheint es nöthig, umſtändlicher anzuzeigen
und begreiflich zu machen, wie ich mir in der franzöſiſchen
Sprache, die ich doch nicht gelernt, mit mehr oder weniger
30 Bequemlichkeit durchgeholfen. Auch hier kam mir die ange⸗
borne Gabe zu Statten, daß ich leicht den Schall und Klang

einer Sprache, ihre Bewegung, ihren Accent, den Ton, und
was sonst von äußern Eigenthümlichkeiten, faffen konnte.
Aus dem Lateinischen waren mir viele Worte bekannt; das
Italienische vermittelte noch mehr, und so horchte ich in
kurzer Zeit von Bedienten und Soldaten, Schildwachen und 5
Besuchen so viel heraus, daß ich mich, wo nicht ins Gespräch
mischen, doch wenigstens einzelne Fragen und Antworten
bestehen konnte. Aber dieses war alles nur wenig gegen
den Vortheil, den mir das Theater brachte. Von meinem
Großvater hatte ich ein Freibillet erhalten, deffen ich mich, 10
mit Widerwillen meines Vaters, unter dem Beistand meiner
Mutter, täglich bediente. Hier saß ich nun im Parterre vor
einer fremden Bühne und paßte um so mehr auf Bewegung,
mimischen und Rede-Ausdruck, als ich wenig oder nichts
von dem verstand, was da oben gesprochen wurde, und also 15
meine Unterhaltung nur vom Geberdenspiel und Sprachton
nehmen konnte. Von der Komödie verstand ich am wenigsten, weil sie geschwind gesprochen wurde und sich auf
Dinge des gemeinen Lebens bezog, deren Ausdrücke mir
gar nicht bekannt waren. Die Tragödie kam seltner vor, 20
und der gemessene Schritt, das Taktartige der Alexandriner,
das Allgemeine des Ausdrucks machten sie mir in jedem
Sinne faßlicher. Es dauerte nicht lange, so nahm ich den
Racine, den ich in meines Vaters Bibliothek antraf, zur
Hand und declamirte mir die Stücke nach theatralischer Art 25
und Weise, wie sie das Organ meines Ohrs und das ihm
so genau verwandte Sprachorgan gefaßt hatte, mit großer
Lebhaftigkeit, ohne daß ich noch eine ganze Rede im Zu-
sammenhang hätte verstehen können. Ja, ich lernte ganze
Stellen auswendig und recitirte sie, wie ein eingelernter 30
Sprachvogel. Das versificirte französische Lustspiel war

damals sehr beliebt; die Stücke von Destouches, Mari=
vaur, La Chaussée kamen häufig vor, und ich erinnere
mich noch deutlich mancher charakteristischen Figuren. Von
den Molièrischen ist mir weniger im Sinn geblieben.
5 Was am meisten Eindruck auf mich machte, war die Hyper=
mnestra von Lemierre, die als ein neues Stück mit
Sorgfalt aufgeführt und wiederholt gegeben wurde. Höchst
anmuthig war der Eindruck, den der Devin du Village,
Rose et Colas, Annette et Lubin auf mich machten.
10 Ich kann mir die bebänderten Buben und Mädchen und
ihre Bewegungen noch jetzt zurückrufen. Es dauerte nicht
lange, so regte sich der Wunsch bei mir, mich auf dem
Theater selbst umzusehen, wozu sich mir so mancherlei
Gelegenheit darbot. Denn da ich nicht immer die ganzen
15 Stücke auszuhören Geduld hatte und manche Zeit in den
Corridors, auch wohl bei gelinderer Jahrszeit vor der Thür,
mit andern Kindern meines Alters allerlei Spiele trieb, so
gesellte sich ein schöner munterer Knabe zu uns, der zum
Theater gehörte und den ich in manchen kleinen Rollen,
20 obwohl nur beiläufig, gesehen hatte. Mit mir konnte er
sich am besten verständigen, indem ich mein Französisch bei
ihm geltend zu machen wußte; und er knüpfte sich um so
mehr an mich, als kein Knabe seines Alters und seiner
Nation beim Theater oder sonst in der Nähe war. Wir
25 gingen auch außer der Theaterzeit zusammen, und selbst
während der Vorstellungen ließ er mich selten in Ruhe. Er
war ein allerliebster kleiner Aufschneider, schwätzte char=
mant und unaufhörlich und wußte so viel von seinen
Abenteuern, Händeln und andern Sonderbarkeiten zu
30 erzählen, daß er mich außerordentlich unterhielt und ich von
ihm, was Sprache und Mittheilung durch dieselbe betrifft,

in vier Wochen mehr lernte, als man sich hätte vorstellen
können; so daß Niemand wußte, wie ich auf einmal, gleichsam
durch Inspiration, zu der fremden Sprache gelangt war.

Es währte nicht lange, so entspann sich aber für mich
ein eignes und besondres Interesse. Der junge Derones, 5
so will ich den Knaben nennen, mit dem ich mein Verhältniß immer fortsetzte, war außer seinen Aufschneidereien
ein Knabe von guten Sitten und recht artigem Betragen.
Er machte mich mit seiner Schwester bekannt, die ein paar
Jahre älter als wir und ein gar angenehmes Mädchen war, 10
gut gewachsen, von einer regelmäßigen Bildung, brauner
Farbe, schwarzen Haaren und Augen; ihr ganzes Betragen
hatte etwas Stilles, ja Trauriges. Ich suchte ihr auf alle
Weise gefällig zu sein; allein ich konnte ihre Aufmerksamkeit
nicht auf mich lenken. 15

Alle theatralische Mannigfaltigkeit konnte jedoch uns
Kinder nicht immer im Schauspielhause festhalten. Wir
spielten bei schönem Wetter vor demselben und in der Nähe
und begingen allerlei Thorheiten, welche besonders an
Sonn= und Festtagen keineswegs zu unserm Aeußern paß= 20
ten: denn ich und meines Gleichen erschienen alsdann, den
Hut unterm Arm, mit einem kleinen Degen, dessen Bügel
mit einer großen seidenen Bandschleife geziert war. Einst,
als wir eine ganze Zeit unser Wesen getrieben und Derones
sich unter uns gemischt hatte, fiel es diesem ein, mir zu be= 25
theuern, ich hätte ihn beleidigt und müsse ihm Satisfaction
geben. Ich begriff zwar nicht, was ihm Anlaß geben konnte,
ließ mir aber seine Ausforderung gefallen und wollte ziehen.
Er versicherte mir aber, es sei in solchen Fällen gebräuchlich,
daß man an einsame Oerter gehe, um die Sache desto be= 30
quemer ausmachen zu können. Wir verfügten uns deshalb

hinter einige Scheunen und stellten uns in gehörige Positur.
Der Zweikampf erfolgte auf eine etwas theatralische Weise,
die Klingen klirrten, und die Stöße gingen neben aus; doch
im Feuer der Action blieb er mit der Spitze seines Degens
5 an der Bandschleife meines Bügels hangen. Sie ward
durchbohrt, und er versicherte mir, daß er nun die vollkom-
menste Satisfaction habe, umarmte mich sodann, gleichfalls
recht theatralisch, und wir gingen in das nächste Kaffeehaus,
um uns mit einem Glase Mandelmilch von unserer Ge-
10 müthsbewegung zu erholen und den alten Freundschaftsbund
nur desto fester zu schließen.

Nun fehlte es von dem ersten Tage der Besitznehmung
unserer Stadt, zumal Kindern und jungen Leuten, nicht an
immerwährender Zerstreuung. Theater und Bälle, Paraden
15 und Durchmärsche zogen unsere Aufmerksamkeit hin und her.
Die letztern besonders nahmen immer zu, und das Soldaten-
leben schien uns ganz lustig und vergnüglich.

Der Aufenthalt des Königslieutenants in unserm Hause
verschaffte uns den Vortheil, alle bedeutenden Personen der
20 französischen Armee nach und nach zu sehen und besonders
die Ersten, deren Name schon durch den Ruf zu uns gekommen war, in der Nähe zu betrachten. So sahen wir von
Treppen und Podesten, gleichsam wie von Galerieen, sehr
bequem die Generalität bei uns vorübergehn. Vor Allen
25 erinnere ich mich des Prinzen Soubise als eines schönen
leutseligen Herrn; am deutlichsten aber des Marschalls von
Broglio als eines jüngern, nicht großen, aber wohlge-
bauten, lebhaften, geistreich um sich blickenden, behenden
Mannes.

30 Er kam mehrmals zum Königslieutenant, und man
merkte wohl, daß von wichtigen Dingen die Rede war. Wir

hatten uns im ersten Vierteljahr der Einquartierung kaum in
diesen neuen Zustand gefunden, als schon die Nachricht sich
dunkel verbreitete: die Alliirten seien im Anmarsch, und
Herzog Ferdinand von Braunschweig komme, die Franzosen vom Main zu vertreiben. Man hatte von diesen, die 5
sich keines besondern Kriegsglückes rühmen konnten, nicht
die größte Vorstellung, und seit der Schlacht von Roßbach
glaubte man sie verachten zu dürfen; auf den Herzog Ferdinand setzte man das größte Vertrauen, und alle preußisch
Gesinnten erwarteten mit Sehnsucht ihre Befreiung von der 10
bisherigen Last. Mein Vater war etwas heiterer, meine
Mutter in Sorgen. Sie war klug genug, einzusehen, daß
ein gegenwärtiges geringes Uebel leicht mit einem großen
Ungemach vertauscht werden könne: denn es zeigte sich nur
allzu deutlich, daß man dem Herzog nicht entgegen gehen, 15
sondern einen Angriff in der Nähe der Stadt abwarten
werde. Eine Niederlage der Franzosen, eine Flucht, eine
Vertheidigung der Stadt, wäre es auch nur, um den Rückzug
zu decken und um die Brücke zu behalten, ein Bombarde-
ment, eine Plünderung, Alles stellte sich der erregten Ein- 20
bildungskraft dar und machte beiden Parteien Sorge.
Meine Mutter, welche Alles, nur nicht die Sorge ertragen
konnte, ließ durch den Dolmetscher ihre Furcht bei dem
Grafen anbringen; worauf sie die in solchen Fällen ge-
bräuchliche Antwort erhielt: sie solle ganz ruhig sein, es sei 25
nichts zu befürchten, sich übrigens still halten und mit
Niemand von der Sache sprechen.

Mehrere Truppen zogen durch die Stadt; man erfuhr,
daß sie bei Bergen Halt machten. Das Kommen und
Gehen, das Reiten und Laufen vermehrte sich immer, und 30
unser Haus war Tag und Nacht in Aufruhr. In dieser

Zeit habe ich den Marschall Broglio öfter gesehen, immer
heiter, ein wie das andre Mal an Geberden und Betragen
völlig gleich, und es hat mich auch nachher gefreut, den
Mann, dessen Gestalt einen so guten und dauerhaften Ein=
5 druck gemacht hatte, in der Geschichte rühmlich erwähnt zu
finden.

So kam denn endlich, nach einer unruhigen Charwoche,
1759 der Charfreitag heran. Eine große Stille verkündigte
den nahen Sturm. Uns Kindern war verboten, aus dem
10 Hause zu gehen; der Vater hatte keine Ruhe und ging aus.
Die Schlacht begann; ich stieg auf den obersten Boden, wo
ich zwar die Gegend zu sehen verhindert war, aber den
Donner der Kanonen und das Massenfeuer des kleinen
Gewehrs recht gut vernehmen konnte. Nach einigen Stun=
15 den sahen wir die ersten Zeichen der Schlacht an einer Reihe
Wagen, auf welchen Verwundete in mancherlei traurigen
Verstümmelungen und Geberden sachte bei uns vorbeige=
fahren wurden, um in das zum Lazareth umgewandelte
Liebfrauenkloster gebracht zu werden. Sogleich regte sich
20 die Barmherzigkeit der Bürger. Bier, Wein, Brod, Geld
ward denjenigen hingereicht, die noch etwas empfangen konn=
ten. Als man aber einige Zeit darauf blessirte und ge=
fangne Deutsche unter diesem Zug gewahr wurde, fand das
Mitleid keine Grenze, und es schien, als wollte Jeder sich von
25 Allem entblößen, was er nur Bewegliches besaß, um seinen
bedrängten Landsleuten beizustehen.

Diese Gefangenen waren jedoch Anzeichen einer für die
Alliirten unglücklichen Schlacht. Mein Vater, in seiner
Parteilichkeit ganz sicher, daß diese gewinnen würden, hatte
30 die leidenschaftliche Verwegenheit, den gehofften Siegern
entgegen zu gehen, ohne zu bedenken, daß die geschlagene

Partei erst über ihn wegfliehen müßte. Erst begab er sich in
seinen Garten vor dem Friedberger Thore, wo er Alles
einsam und ruhig fand; dann wagte er sich auf die Born-
heimer Heide, wo er aber bald verschiedene zerstreute Nachzügler und Troßknechte ansichtig ward, die sich den Spaß 5
machten, nach den Grenzsteinen zu schießen, so daß dem
neugierigen Wanderer das abprallende Blei um den Kopf
sauste. Er hielt es deshalb doch für gerathner, zurückzugehen,
und erfuhr bei einiger Nachfrage, was ihm schon der Schall
des Feuerns hätte klar machen sollen, daß Alles für die 10
Franzosen gut stehe und an kein Weichen zu denken sei.
Nach Hause gekommen, voll Unmuth, gerieth er beim Er-
blicken der verwundeten und gefangenen Landsleute ganz aus
der gewöhnlichen Fassung. Auch er ließ den Vorbeiziehen-
den mancherlei Spende reichen; aber nur die Deutschen 15
sollten sie erhalten, welches nicht immer möglich war, weil
das Schicksal Freunde und Feinde zusammen aufgepackt hatte.

Die Mutter und wir Kinder, die wir schon früher auf
des Grafen Wort gebaut und deshalb einen ziemlich beruhigten Tag hingebracht hatten, waren höchlich erfreut; 20
wir wünschten unserm Vater gleichen Glauben und gleiche
Gesinnung, wir schmeichelten ihm, was wir konnten, wir
baten ihn, etwas Speise zu sich zu nehmen, die er den ganzen
Tag entbehrt hatte; er verweigerte unsre Liebkosungen und
jeden Genuß und begab sich auf sein Zimmer. Unsre Freude 25
ward indessen nicht gestört; die Sache war entschieden; der
Königslieutenant, der diesen Tag gegen seine Gewohnheit zu
Pferde gewesen, kehrte endlich zurück; seine Gegenwart zu
Hause war nöthiger als je. Wir sprangen ihm entgegen,
küßten seine Hände und bezeigten ihm unsere Freude. Es 30
schien ihm sehr zu gefallen. „Wohl!" sagte er freundlicher

als sonst, „ich bin auch um euertwillen vergnügt, liebe
Kinder!" Er befahl sogleich, uns Zuckerwerk, süßen Wein,
überhaupt das Beste zu reichen, und ging auf sein Zimmer,
schon von einer großen Masse Dringender, Fordernder und
5 Bittender umgeben.

Wir hielten nun eine köstliche Collation, bedauerten
den guten Vater, der nicht Theil daran nehmen mochte,
und drangen in die Mutter, ihn herbei zu rufen; sie aber,
klüger als wir, wußte wohl, wie unerfreulich ihm solche
10 Gaben sein würden. Indessen hatte sie etwas Abendbrod
zurecht gemacht und hätte ihm gern eine Portion auf das
Zimmer geschickt, aber eine solche Unordnung litt er nie,
auch nicht in den äußersten Fällen; und nachdem man die
süßen Gaben bei Seite geschafft, suchte man ihn zu bereden,
15 herab in das gewöhnliche Speisezimmer zu kommen. Endlich
ließ er sich bewegen, ungern, und wir ahneten nicht,
welches Unheil wir ihm und uns bereiteten. Die Treppe
lief frei durchs ganze Haus an allen Vorsälen vorbei. Der
Vater mußte, indem er herabstieg, unmittelbar an des Grafen
20 Zimmer vorübergehen. Sein Vorsaal stand so voller Leute,
daß der Graf sich entschloß, um Mehreres auf einmal abzu-
thun, herauszutreten; und dieß geschah leider in dem Augenblick, als der Vater herabkam. Der Graf ging ihm heiter
entgegen, begrüßte ihn und sagte: „Ihr werdet uns und
25 euch Glück wünschen, daß diese gefährliche Sache so glücklich
abgelaufen ist." — Keinesweges! versetzte mein Vater mit
Ingrimm; ich wollte, sie hätten euch zum Teufel gejagt, und
wenn ich hätte mitfahren sollen. — Der Graf hielt einen
Augenblick inne, dann aber fuhr er mit Wuth auf: „Dieses
30 sollt ihr büßen!" rief er; „Ihr sollt nicht umsonst der gerechten
Sache und mir eine solche Beleidigung zugefügt haben!"

Der Vater war indeß gelassen heruntergestiegen, setzte sich zu uns, schien heitrer als bisher und fing an zu essen. Wir freuten uns darüber und wußten nicht, auf welche bedenkliche Weise er sich den Stein vom Herzen gewälzt hatte. Kurz darauf wurde die Mutter herausgerufen, und 5 wir hatten große Lust, dem Vater auszuplaudern, was uns der Graf für Süßigkeiten verehrt habe. Die Mutter kam nicht zurück. Endlich trat der Dolmetscher herein. Auf seinen Wink schickte man uns zu Bette; es war schon spät, und wir gehorchten gern. Nach einer ruhig durchschlafenen 10 Nacht erfuhren wir die gewaltsame Bewegung, die gestern Abend das Haus erschüttert hatte. Der Königslieutenant hatte sogleich befohlen, den Vater auf die Wache zu führen. Die Subalternen wußten wohl, daß ihm niemals zu wider= sprechen war; doch hatten sie sich manchmal Dank verdient, 15 wenn sie mit der Ausführung zauderten. Diese Gesinnung wußte der Gevatter Dolmetsch, den die Geistesgegenwart niemals verließ, aufs Lebhafteste bei ihnen rege zu machen. Der Tumult war ohnehin so groß, daß eine Zögerung sich von selbst versteckte und entschuldigte. Er hatte meine 20 Mutter herausgerufen und ihr den Adjutanten gleichsam in die Hände gegeben, daß sie durch Bitten und Vorstellungen nur einigen Aufschub erlangen möchte. Er selbst eilte schnell hinauf zum Grafen, der sich bei der großen Beherr= schung seiner selbst sogleich ins innere Zimmer zurückgezogen 25 hatte und das bringendste Geschäft lieber einen Augenblick stocken ließ, als daß er den einmal in ihm erregten bösen Muth an einem Unschuldigen gekühlt und eine seiner Würde nachtheilige Entscheidung gegeben hätte.

Die Anrede des Dolmetschers an den Grafen, die 30 Führung des ganzen Gesprächs hat uns der dicke Gevatter,

der sich auf den glücklichen Erfolg nicht wenig zu Gute that,
oft genug wiederholt, so daß ich sie aus dem Gedächtniß wohl
noch aufzeichnen kann.

Der Dolmetsch hatte gewagt, das Kabinet zu eröffnen
und hineinzutreten, eine Handlung, die höchst verpönt war.
„Was wollt Ihr?" rief ihm der Graf zornig entgegen.
„Hinaus mit Euch! Hier hat Niemand das Recht, hereinzu-
treten, als Saint Jean."

So haltet mich einen Augenblick für Saint Jean, versetzte
der Dolmetsch.

„Dazu gehört eine gute Einbildungskraft. Seiner zwei
machen noch nicht einen, wie Ihr seid. Entfernt Euch!"

Herr Graf, Ihr habt eine große Gabe vom Himmel
empfangen, und an die appellire ich.

„Ihr denkt mir zu schmeicheln! Glaubt nicht, daß es
Euch gelingen werde."

Ihr habt die große Gabe, Herr Graf, auch in Augenblicken der Leidenschaft, in Augenblicken des Zorns die Gesinnungen Anderer anzuhören.

„Wohl, wohl! Von Gesinnungen ist eben die Rede,
die ich zu lange angehört habe. Ich weiß nur zu gut, daß
man uns hier nicht liebt, daß uns diese Bürger scheel ansehn."

Nicht alle!

„Sehr viele! Was! diese Städter, Reichsstädter wollen
sie sein? Ihren Kaiser haben sie wählen und krönen sehen,
und wenn dieser, ungerecht angegriffen, seine Länder zu
verlieren und einem Usurpator zu unterliegen Gefahr läuft,
wenn er glücklicherweise getreue Alliirte findet, die ihr Geld,
ihr Blut zu seinem Vortheil verwenden, so wollen sie die
geringe Last nicht tragen, die zu ihrem Theil sie trifft, daß
der Reichsfeind gedemüthigt werde."

Freilich kennt Ihr diese Gesinnungen schon lange und habt sie als ein weiser Mann geduldet; auch ist es nur die geringere Zahl. Wenige, verblendet durch die glänzenden Eigenschaften des Feindes, den Ihr ja selbst als einen außerordentlichen Mann schätzt, wenige nur, Ihr 5 wißt es!

„Ja wohl! zu lange habe ich es gewußt und geduldet, sonst hätte dieser sich nicht unterstanden, mir in den bedeutendsten Augenblicken solche Beleidigungen ins Gesicht zu sagen. Es mögen sein so viel ihrer wollen, sie sollen in 10 diesem ihrem kühnen Repräsentanten gestraft werden und sich merken, was sie zu erwarten haben."

Nur Aufschub, Herr Graf!

„In gewissen Dingen kann man nicht zu geschwind verfahren."   15

Nur einen kurzen Aufschub!

„Nachbar! Ihr denkt mich zu einem falschen Schritt zu verleiten; es soll Euch nicht gelingen."

Weder verleiten will ich Euch zu einem falschen Schritt, noch von einem falschen zurückhalten; Euer Entschluß ist 20 gerecht: er geziemt dem Franzosen, dem Königslieutenant; aber bedenkt, daß Ihr auch Graf Thorane seid.

„Der hat hier nicht mitzusprechen."

Man sollte den braven Mann doch auch hören.

„Nun, was würde er denn sagen?"   25

Herr Königslieutenant! würde er sagen, Ihr habt so lange mit so viel dunklen, unwilligen, ungeschickten Menschen Geduld gehabt, wenn sie es Euch nur nicht gar zu arg machten. Dieser hat's freilich sehr arg gemacht; aber gewinnt es über Euch, Herr Königslieutenant! und jeder= 30 mann wird Euch deswegen loben und preisen.

„Ihr wißt, daß ich Eure Possen manchmal leiden kann;
aber mißbraucht nicht mein Wohlwollen. Diese Menschen,
sind sie denn ganz verblendet? Hätten wir die Schlacht
verloren, in diesem Augenblick was würde ihr Schicksal sein?
5 Wir schlagen uns bis vor die Thore, wir sperren die Stadt,
wir halten, wir vertheidigen uns, um unsere Retirade über
die Brücke zu decken. Glaubt Ihr, daß der Feind die Hände
in den Schooß gelegt hätte? Er wirft Granaten und was
er bei der Hand hat, und sie zünden, wo sie können. Dieser
10 Hausbesitzer da, was will er? In diesen Zimmern hier
platzte jetzt wohl eine Feuerkugel, und eine andere folgte
hinterdrein; in diesen Zimmern, deren vermaledeite Peking-
Tapeten ich geschont, mich genirt habe, meine Landkarten
nicht aufzunageln! Den ganzen Tag hätten sie auf den
15 Knieen liegen sollen."

Wie viele haben das gethan!

„Sie hätten sollen den Segen für uns erflehen, den
Generalen und Officieren mit Ehren- und Freudenzeichen,
den ermatteten Gemeinen mit Erquickung entgegen gehen.
20 Anstatt dessen verdirbt mir der Gift dieses Parteigeistes die
schönsten, glücklichsten, durch so viel Sorgen und Anstren-
gungen erworbenen Augenblicke meines Lebens!"

Es ist ein Parteigeist; aber Ihr werdet ihn durch die
Bestrafung dieses Mannes nur vermehren. Die mit ihm
25 Gleichgesinnten werden Euch als einen Tyrannen, als einen
Barbaren ausschreien; sie werden ihn als einen Märtyrer
betrachten, der für die gute Sache gelitten hat; und selbst
die anders Gesinnten, die jetzt seine Gegner sind, werden in
ihm nur den Mitbürger sehen, werden ihn bedauern und,
30 indem sie Euch Recht geben, dennoch finden, daß Ihr zu hart
verfahren seid.

„Ich habe Euch schon zu lange angehört; macht, daß Ihr
fortkommt!"

So hört nur noch dieses! Bedenkt, daß es das Uner-
hörteste ist, was diesem Manne, was dieser Familie begegnen
könnte. Ihr hattet nicht Ursache, von dem guten Willen des 5
Hausherrn erbaut zu sein; aber die Hausfrau ist allen
Euren Wünschen zuvorgekommen, und die Kinder haben Euch
als ihren Oheim betrachtet. Mit diesem einzigen Schlag
werdet Ihr den Frieden und das Glück dieser Wohnung auf
ewig zerstören. Ja, ich kann wohl sagen, eine Bombe, die 10
ins Haus gefallen wäre, würde nicht größere Verwüstungen
darin angerichtet haben. Ich habe Euch so oft über Eure
Fassung bewundert, Herr Graf; gebt mir diesmal Gelegenheit, Euch anzubeten. Ein Krieger ist ehrwürdig, der sich
selbst in Feindes Haus als einen Gastfreund betrachtet; hier 15
ist kein Feind, nur ein Verirrter. Gewinnt es über Euch,
und es wird Euch zu ewigem Ruhme gereichen!

„Das müßte wunderlich zugehen," versetzte der Graf mit
einem Lächeln.

Nur ganz natürlich, erwiederte der Dolmetscher. Ich 20
habe die Frau, die Kinder nicht zu Euren Füßen geschickt:
denn ich weiß, daß Euch solche Scenen verdrießlich sind; aber
ich will Euch die Frau, die Kinder schildern, wie sie Euch
danken: ich will sie Euch schildern, wie sie sich zeitlebens von
dem Tage der Schlacht bei Bergen und von Eurer Großmuth 25
an diesem Tage unterhalten, wie sie es Kindern und Kindes-
kindern erzählen und auch Fremden ihr Interesse für Euch
einzuflößen wissen: eine Handlung dieser Art kann nicht
untergehen!

„Ihr trefft meine schwache Seite nicht, Dolmetscher. An 30
den Nachruhm pfleg' ich nicht zu denken, der ist für Andere,

nicht für mich; aber im Augenblick recht zu thun, meine
Pflicht nicht zu versäumen, meiner Ehre nichts zu vergeben,
das ist meine Sorge. Wir haben schon zu viel Worte gemacht! jetzt geht hin—und laßt Euch von den Undankbaren
5 danken, die ich verschone!"

Der Dolmetsch, durch diesen unerwartet glücklichen Aus-
gang überrascht und bewegt, konnte sich der Thränen nicht
enthalten und wollte dem Grafen die Hände küssen; der
Graf wies ihn ab und sagte streng und ernst: „Ihr wißt, daß
10 ich dergleichen nicht leiden kann!" Und mit diesen Worten
trat er auf den Vorsaal, um die andringenden Geschäfte zu
besorgen und das Begehren so vieler wartenden Menschen zu
vernehmen. So ward die Sache beigelegt, und wir feierten
den andern Morgen, bei den Ueberbleibseln der gestrigen
15 Zuckergeschenke, das Vorübergehen eines Uebels, dessen An-
drohen wir glücklich verschlafen hatten.

Ob der Dolmetsch wirklich so weise gesprochen, oder ob er
sich die Scene nur so ausgemalt, wie man es wohl nach einer
guten und glücklichen Handlung zu thun pflegt, will ich nicht
20 entscheiden; wenigstens hat er bei Wiedererzählung derselben
niemals variirt. Genug, dieser Tag dünkte ihm, so wie der
sorgenvollste, so auch der glorreichste seines Lebens.

Der Königslieutenant wohnte noch immer in unserm
Hause. Er hatte sein Betragen in nichts geändert, besonders
25 gegen uns; allein es war merklich, und der Gevatter Dolmetsch wußte es uns noch deutlicher zu machen, daß er sein
Amt nicht mehr mit der Heiterkeit, nicht mehr mit dem Eifer
verwaltete wie anfangs, obgleich immer mit derselben Recht-
schaffenheit und Treue. Sein Wesen und Betragen, das
30 eher einen Spanier als einen Franzosen ankündigte, seine
Launen, die doch mitunter Einfluß auf ein Geschäft hatten,

seine Unbiegsamkeit gegen die Umstände, seine Reizbarkeit
gegen Alles, was seine Person oder Charakter berührte, dieses
zusammen mochte ihn doch zuweilen mit seinen Vorgesetzten
in Conflict bringen. Hiezu kam noch, daß er in einem Duell,
welches sich im Schauspiel entsponnen hatte, verwundet 5
wurde und man dem Königslieutenant übel nahm, daß er
selbst eine verpönte Handlung als oberster Polizeimeister
begangen. Alles dieses mochte, wie gesagt, dazu beitragen,
daß er in sich gezogner lebte und hier und da vielleicht weniger energisch verfuhr. 10

Indessen war nun schon eine ansehnliche Partie der
bestellten Gemälde abgeliefert. Graf Thorane brachte seine
Freistunden mit der Betrachtung derselben zu, indem er sie in
gedachtem Giebelzimmer Bane für Bane, breiter und schmäler,
neben einander und, weil es an Platz mangelte, sogar über 15
einander nageln, wieder abnehmen und aufrollen ließ. Immer
wurden die Arbeiten aufs Neue untersucht, man erfreute sich
wiederholt an den Stellen, die man für die gelungensten hielt;
aber es fehlte auch nicht an Wünschen, dieses oder jenes
anders geleistet zu sehen. 20

Hieraus entsprang eine neue und ganz wundersame
Operation. Da nämlich der eine Maler Figuren, der
andere die Mittelgründe und Fernen, der dritte die Bäume,
der vierte die Blumen am besten arbeitete, so kam der Graf
auf den Gedanken, ob man nicht diese Talente in den Bildern 25
vereinigen und auf diesem Wege vollkommene Werke hervorbringen könne. Der Anfang ward sogleich damit gemacht, daß man z. B. in eine fertige Landschaft noch schöne
Heerden hineinmalen ließ. Weil nun aber nicht immer der
gehörige Platz dazu da war, es auch dem Thiermaler auf ein 30
paar Schafe mehr oder weniger nicht ankam, so war endlich

die weiteste Landschaft zu enge. Nun hatte der Menschen-
maler auch noch die Hirten und einige Wandrer hineinzu-
bringen; diese nahmen sich wiederum einander gleichsam die
Luft, und man war verwundert, wie sie nicht sämmtlich in
5 der freiesten Gegend erstickten. Man konnte niemals voraussehen, was aus der Sache werden würde, und wenn sie fertig
war, befriedigte sie nicht. Die Maler wurden verdrießlich.
Bei den ersten Bestellungen hatten sie gewonnen, bei diesen
Nacharbeiten verloren sie, obgleich der Graf auch diese sehr
10 großmüthig bezahlte. Und da die von Mehrern auf einem
Bilde durch einander gearbeiteten Theile bei aller Mühe
keinen guten Effekt hervorbrachten, so glaubte zuletzt ein
Jeder, daß seine Arbeit durch die Arbeiten der Andern
verdorben und vernichtet worden; daher wenig fehlte, die
15 Künstler hätten sich hierüber entzweit und wären in unver-
söhnliche Feindschaft gerathen. Dergleichen Veränderungen
oder vielmehr Zuthaten wurden in gedachtem Atelier, wo ich
mit den Künstlern ganz allein blieb, ausgefertiget, und es
unterhielt mich, aus den Studien, besonders der Thiere, dieses
20 und jenes Einzelne, diese oder jene Gruppe auszusuchen und
sie für die Nähe oder die Ferne in Vorschlag zu bringen,
worin man mir denn manchmal aus Ueberzeugung oder
Geneigtheit zu willfahren pflegte.

Die Theilnehmenden an diesem Geschäft wurden also
25 höchst muthlos, besonders Seekatz, ein sehr hypochondrischer
und in sich gezogner Mann, der zwar unter Freunden durch
eine unvergleichlich heitre Laune sich als den besten Gesell-
schafter bewies, aber wenn er arbeitete, allein, in sich gekehrt
und völlig frei wirken wollte. Dieser sollte nun, wenn er
30 schwere Aufgaben gelöst, sie mit dem größten Fleiß und der
wärmsten Liebe, deren er immer fähig war, vollendet hatte, zu

wiederholten Malen von Darmstadt nach Frankfurt reisen,
um entweder an seinen eigenen Bildern etwas zu verändern
oder fremde zu staffiren oder gar unter seinem Beistand durch
einen Dritten seine Bilder ins Buntscheckige arbeiten zu
lassen.   Sein Mißmuth nahm zu, sein Widerstand entschied 5
sich, und es brauchte großer Bemühungen von unserer Seite,
um diesen Gevatter — denn auch er war's geworden — nach
des Grafen Wünschen zu lenken.   Ich erinnere mich noch,
daß, als schon die Kasten bereit standen, um die sämmtlichen
Bilder in der Ordnung einzupacken, in welcher sie an dem 10
Ort ihrer Bestimmung der Tapezirer ohne Weiteres aufheften
konnte, daß, sage ich, nur eine kleine, doch unumgängliche
Nacharbeit erfordert wurde, Seekatz aber nicht zu bewegen
war, herüberzukommen.   Er hatte freilich noch zu guter Letzt
das Beste gethan, was er vermochte, indem er die vier 15
Elemente in Kindern und Knaben nach dem Leben in
Thürstücken dargestellt und nicht allein auf die Figuren,
sondern auch auf die Beiwerke den größten Fleiß gewendet
hatte.   Diese waren abgeliefert, bezahlt, und er glaubte auf
immer aus der Sache geschieden zu sein; nun aber sollte er 20
wieder herüber, um einige Bilder, deren Maaße etwas zu
klein genommen worden, mit wenigen Pinselzügen zu er-
weitern.   Ein Anderer, glaubte er, könne das auch thun;
er hatte sich schon zu neuer Arbeit eingerichtet; kurz, er
wollte nicht kommen.   Die Absendung war vor der Thüre, 25
trocknen sollte es auch noch, jeder Verzug war mißlich; der
Graf, in Verzweiflung, wollte ihn militärisch abholen lassen.
Wir Alle wünschten die Bilder endlich fort zu sehen und
fanden zuletzt keine Auskunft, als daß der Gevatter Dolmetsch
sich in einen Wagen setzte und den Widerspenstigen mit Frau 30
und Kind herüberholte, der dann von dem Grafen freundlich

empfangen, wohl gepflegt und zuletzt reichlich beschenkt ent=
laſſen wurde.

Nach den fortgeſchafften Bildern zeigte ſich ein großer
Friede im Hauſe. Das Giebelzimmer im Manſard wurde
5 gereinigt und mir übergeben, und mein Vater, wie er die
Kaſten fortſchaffen ſah, konnte ſich des Wunſches nicht er=
wehren, den Grafen hinterdrein zu ſchicken. Denn wie ſehr
die Neigung des Grafen auch mit der ſeinigen überein=
ſtimmte; wie ſehr es den Vater freuen mußte, ſeinen Grund=
10 ſatz, für lebende Meiſter zu ſorgen, durch einen Reicheren ſo
fruchtbar befolgt zu ſehen; wie ſehr es ihn ſchmeicheln konnte,
daß ſeine Sammlung Anlaß gegeben, einer Anzahl braver
Künſtler in bedrängter Zeit einen ſo anſehnlichen Erwerb zu
verſchaffen: ſo fühlte er doch eine ſolche Abneigung gegen den
15 Fremden, der in ſein Haus eingedrungen, daß ihm an deſſen
Handlungen nichts recht dünken konnte. Man ſolle Künſtler
beſchäftigen, aber nicht zu Tapetenmalern erniedrigen; man
ſolle mit dem, was ſie nach ihrer Ueberzeugung und Fähigkeit
geleiſtet, wenn es Einem auch nicht durchgängig behage,
20 zufrieden ſein und nicht immer daran markten und mäkeln;
genug, es gab ungeachtet des Grafen eigner liberaler Bemüh=
ung ein= für allemal kein Verhältniß. Mein Vater beſuchte
jenes Zimmer blos, wenn ſich der Graf bei Tafel befand, und
ich erinnere mich nur ein einziges Mal, als Seekatz ſich ſelbſt
25 übertroffen hatte und das Verlangen, dieſe Bilder zu ſehen,
das ganze Haus herbeitrieb, daß mein Vater und der Graf
zuſammentreffend an dieſen Kunſtwerken ein gemeinſames
Gefallen bezeigten, das ſie an einander ſelbſt nicht finden
konnten.

30 Kaum hatten alſo die Kiſten und Kaſten das Haus
geräumt, als der früher eingeleitete, aber unterbrochne Be=

trieb, den Grafen zu entfernen, wieder angeknüpft wurde.
Man suchte durch Vorstellungen die Gerechtigkeit, die Billig-
keit durch Bitten, durch Einfluß die Neigung zu gewinnen
und brachte es endlich dahin, daß die Quartierherren den
Beschluß faßten: es solle der Graf umlogirt und unser Haus, 5
in Betracht der seit einigen Jahren unausgesetzt Tag und
Nacht getragnen Last, künftig mit Einquartierung verschont
werden. Damit sich aber hierzu ein scheinbarer Vorwand
finde, so solle man in eben den ersten Stock, den bisher
der Königslieutenant besetzt gehabt, Miethleute einnehmen 10
und dadurch eine neue Bequartierung gleichsam unmöglich
machen. Der Graf, der nach der Trennung von seinen
geliebten Gemälden kein besonderes Interesse mehr am
Hause fand, auch ohnehin bald abgerufen und versetzt zu
werden hoffte, ließ es sich ohne Widerrede gefallen, eine andere 15
gute Wohnung zu beziehen, und schied von uns in Frieden
und gutem Willen. Auch verließ er bald darauf die Stadt
und erhielt stufenweise noch verschiedene Chargen, doch wie
man hörte, nicht zu seiner Zufriedenheit. Er hatte indeß das
Vergnügen, die so emsig von ihm besorgten Gemälde in dem 20
Schlosse seines Bruders glücklich angebracht zu sehen, schrieb
einigemale, sendete Maaße und ließ von den mehr genannten
Künstlern Verschiedenes nacharbeiten. Endlich vernahmen
wir nichts weiter von ihm, außer daß man uns nach mehreren
Jahren versichern wollte, er sei in Westindien, auf einer der 25
französischen Kolonieen, als Gouverneur gestorben.

BIBLIOGRAPHICAL NOTE.

F. W. RIEMER, who was tutor to Goethe's son and his most intimate friend for several years, has informed us (*Mittheilungen über Goethe*, 2 vols., Berlin, 1841, vol. 2, p. 611) that Goethe drew up the first plan of his Autobiography on his fifty-ninth birthday 28 August, 1808. It was to embrace the first twenty-six years of his life, i.e. from 1749 to 1775, the year in which, at the invitation of the Grand Duke Karl August, he took up his residence at Weimar. The First Part containing the first five books was published by J. G. Cotta at Tübingen in 1811. Riemer suggested as the title '*Aus meinem Leben Wahrheit und Dichtung*,' which Goethe adopted, only altering *Wahrheit und Dichtung* to *Dichtung und Wahrheit* for the sake of euphony. (See *Mitth. über Goethe* vol. 1, p. 397.) Nevertheless *Wahrheit und Dichtung* appeared on the title-page of all editions from 1837 to 1872. The Second and Third Parts, each containing five books, appeared in 1812 and 1814 respectively. The last five books completing the work were not published till 1833, a year after Goethe's death.

NOTES.

TITLE.

The motto prefixed by Goethe to his autobiography is derived from the fragments of Menander, a Greek comic poet who flourished in the second half of the fourth century B.C. (see *Comic. gr. fragm.* ed. Meineke IV. 352); Hugo Grotius, a famous Dutch scholar of the seventeenth century, has thus expressed this line in a Latin verse: *male eruditur ille qui non vapulat*, and it has been rendered into German Kein Menſch wird ohne Prügel groß gezogen. It should of course be understood here in a wider sense as applied to the 'sweet uses of adversity.'

I have followed the example of Mr G. H. Lewes in adding Goethe's well-known lines as an appropriate motto of the experiences of his boy-hood.

das Führen = die Führung, 'the guidance;' compare the phrase, er führt ein gutes Leben, he *leads* a good life.

die Frohnatur is a compound far more expressive than die frohe Natur would be; it denotes a cheerful, merry temper.—The dim. Mütterchen expresses affection. Though in the record of his life Goethe speaks of his father much oftener than of his mother, it is well known that he cherished and loved his mother with much greater affection. It may almost be said that the elaborate description he gives of his father's manners and intentions conveys an impression that Goethe in his later years, when he came to write his life, was anxious lest he should fail to do justice to a father whose severe and austere rule had been distasteful to the impetuous boy.

fabuliren, 'to tell stories,' is used in a wider sense of poetic invention.

Erſtes Buch.

Aug. 1749 to Aug. 1756.

Page 1.

1. mit dem Glockenſchlage Zwölf, 'with the stroke of twelve.' We might also say Punkt Zwölf, cf. 15. 2.

2. Frankfurt is situated on the right or northern bank of the Main, 20 miles from the confluence of that river with the Rhine. Its name signifies the ford of the Franks (*vadum Francorum* as it is translated by the chroniclers), and it was so called probably because it was close to the principal ford by which the Frankish tribes used to cross the lower Main. From A.D. 1257 to 1806 it was a free city of the Empire, from 1147 the scene of the election, and from 1562 of the coronation of the Emperor. Its independence was restored in 1815 and it remained a free city from that time to 1866 when it was incorporated in the kingdom of Prussia.

3. The sentence begins with the indefinite pronoun man, but is continued in that of the first person plural, wir. Though it would, no doubt, have been more correct to say at once wenn wir uns erinnern wollen, the variety of construction is very characteristic of Goethe's easy style.

4. kommt man oft in den Fall zu... lit. 'one often comes into the situation to'..., 'it often happens that we' &c.

6. anſchauen means 'to behold,' 'to look at something with much attention;' hence the adj. anſchaulich, 'that which becomes quite clear on ocular inspection,' 'lucid;' er hat uns die Sache mit viel Anſchaulichkeit auseinander geſetzt, 'he has explained the subject with much lucidity.' Anſchauende Erfahrung may, therefore, be translated by 'actual personal experience.'

8. ohnehi'n, 'without going any further,' 'anyhow,' 'after all.'

10. durchgebrochen, 'broken through;' doors had been broken through the intervening wall, and the two adjoining houses had thus been thrown into one. Observe the difference between du'rchbrechen (separable) in the original mechanical sense 'to break through,' and durchbre'chen (inseparable) which is used in the metaphorical sense 'to violate,' 'transgress;' the former usually has the past participle durchgebrochen (sometimes durchbrochen), the latter always durchbrochen.

11. thurmartig, lit. 'tower-like;' the staircase was spiral, like a staircase in a turret. The more correct spelling is turmartig, turm being from the Latin *turris*, M.H.G. *turn*.

unzufammenhangend, 'incongruous,' 'illmatched,' i.e. the rooms were not on the same level; now more usually unzufammenhängend.

12. die Ungleichheit der Stockwerke 'the difference of level of the floors.' In the singular the simple word Stock, *m.* 'a floor,' 'story,' is more usual, in the plural Stockwerke, *n.*; but we find also the plural Stöcke (5. 20), which more commonly means 'sticks.'

13. ausgleichen, lit. 'to make even,' is often used metaphorically of 'smoothing over' a difficulty or 'remedying' a defect.

eine jüngere Schwester: Goethe's sister *Cornelia* was born on Dec. 7, 1750; she married his friend J. G. Schlosser, an advocate, in 1773 and died in 1777. Their younger brothers and sisters having all died very young, Goethe and she were much thrown together in their childhood, and his affection for her was very deep and sincere. In 1779, when travelling with his friend Karl August, Duke of Saxe-Weimar, he visited her grave at Emmendingen.

14. weitläuftig, 'extensive,' 'spacious.' In this word the *t* before the suffix is not justifiable on etymological grounds, and the more correct form is weitläufig. Hausflur 'the entrance hall.'

15. Gitterwerk, lit. 'framework;' Gitter is, perhaps, more frequently used of an iron trellis-work, an *iron gate*. There is also another form, Gatter, which is possibly connected with the English *gate*.

17. Vogelbauer, 'bird-cage.' The word Bauer (*m.*, less correctly *n.*) is the same as the E. *bower:* M.H.G. *der bûr,* O. Eng. *bûr,* 'dwelling.'

19. 'In one corner of the hall there is a kind of lattice, opening by an iron or wooden grating upon the street. This is called the *Geräms.*' Lewes, *Life of G.* b. 1. ch. 2. This peculiar Southern word is a collective formed from Rahmen 'a frame,' and so means 'framework,' 'lattice;' v. Loeper quotes the cognate words Ofengeräms (from Kurz) and Eisenkrems (from B. Auerbach).

20. lesen is used in its original sense which is now more commonly borne by the compound auslesen, 'to pick.'

Page 2.

3. ein südliches Ansehen, 'a southern look;' the streets then resembled the streets of a southern town, where much business is transacted in the open air, and there is more outdoor life than in the north.

4. mit dem Öffentlichen vertraut sein, 'to have free intercourse with the outer world.' vertraut sein, 'to be on familiar terms.'

6. lieb gewinnen, 'to become fond of' some one.—gar is more collo-quial and affectionate than sehr.

7. Schultheiß denotes the highest magistrate of the city—of the dignity itself we shall hear more below. The word is a genuine old German term, derived from Schuld (O.H.G. *scult*) and the verb heißen, orig. 'one who orders that duties be fulfilled,' the primary duty of the Schultheiß being to see that the imperial taxes were duly paid.

The Schultheiß was the representative of the imperial authority, and was in former times always appointed by the Emperor. Goethe's grandfather, Textor, was elected to the office (10 Aug. 1747), by the Frankfurt Senate at a meeting hastily summoned on the day after his predecessor Ochs von Ochsenstein died, in order to forestall the Emperor, who, it was thought, was intending to reassert his ancient right and to appoint a favourite of his own named von Barckhausen.

10. In E. we should say, 'in whose house we really dwelt,' or rather 'whose house it really was, in which we dwelt.' Comp. the phrase bei Jemand zur Miete wohnen, 'to rent a house (or tenement) of some one.'—Goethe's grandmother was 81 years old at the time of the birth of our hero. Her maiden name was Walther, but when Goethe's grandfather married her she was a widow, Frau Cornelia Schellhorn, the landlady of the inn *Zum Weidenbusch* in Frankfurt (No. 68, *Zeil*) which was pulled down in 1843.

11. hinten hinaus, 'out at the back of the house.'

14. hin is, strictly speaking, unnecessary, but it enforces the meaning of bis much in the same way as in Latin *usque* does that of *ad*.

gleichsam, 'as it were,' 'if I may say so.'

19. Hirschgraben, 'Deermoat,' Graben meaning a moat defensive of a town. This old moat had been drained in 1333, and converted into a kind of park, in which deer were kept. The custom mentioned by Goethe was abandoned about the year 1556. The street in which the Goethe house stands is still called *Grosser Hirschgraben*. The house is No. 23.

20. diesen Ausdruck erklärt wissen 'to learn the explanation of this expression.'

21. Observe the subjunctives stehe, befinde, sei, &c., the account being given in *oratio obliqua.*

22. gelegen, sc. sei.

24. unterhalten, 'to keep,' 'maintain.' worden, sc. seien.

25. bewahren, 'to keep,' 'to preserve.' The technical expression for preserving game is, however, 'hegen.' A 'preserve' is ein Gehege.

das Herkommen, the tradition, custom, that which has *come* down from olden times.

26. Observe the full form of the past participle verſpeiſet, instead of which it would be more common to say verſpeiſt. verſpeiſen is a more dignified expression than eſſen. After verſpeiſet we must supply habe, as also after gehabt in line 28. The omission of the auxiliary is very common, especially in dependent clauses.

27. denn is in reality a mere expletive; we may, however, translate it 'accordingly.'

28. wenn auch, 'even if.'

29. der Stadt, dat. of interest. Jagdbefugniß, 'right of chase,' 'sporting rights.'

verkümmern, 'to spoil,' 'to injure;' from Kummer, 'grief,' 'annoyance.'

30. wohl gar, 'it might be,' 'even.'

PAGE 3.

1. eine zahme Wildbahn, 'a park of tame deer.' The expression in German is of course somewhat loose, as it is not the park that is tame but the animals in it. The collocation of zahm with Wild is also singular, but quite in Goethe's style, zahm being the exact opposite of wild. (The 'Zoological Gardens' opened at Frankfurt in 1856 may now be said to fulfil this *desideratum*.)

bei unſern Zeiten. It is, perhaps, more usual to say, zu unſeren Zeiten or in unſerer Zeit.

7. Strictly speaking the adj. ſehnſüchtig can only be applied to the person who feels, or to the action which expresses, longing desire. ein ſehnſüchtiger Aufenthalt is a very bold expression. We may translate: 'There as I grew up was my favourite resort, which filled me not indeed with sadness but with ardent longing' (i.e. for the open country beyond).

10. Höchſt, a small town on the Main 2 miles to the west of Frankfurt.

Sommerszeit is a somewhat rare employment of the accusative, instead of zur Sommerzeit (the s being now usually omitted). Sanders (*Wörterb.* Art. Zeit § 25) quotes from Bahrdt (a writer of the 18th century): nur Sommerszeit wurden ſie auf den freien Platz geführt, 'only in summer-time were they led out into the open space;' and from Zinkgräf (17th century): ein Schalk gieng Winterszeit über die Gaß, 'a roguish fellow was walking across the road in winter-time.'

11. ein Gewitter abwarten, 'to wait until a thunder-storm is over.' ab- in the compound means 'to the end.' Compare unabſehbar (29. 20), 'what one cannot see the end of.' Comp. unabſehlich (*Herm. u. Dor.* I. 107).

13. ſich an etwas ſatt ſehen, 'to look one's fill at something,' 'to satisfy

one's self with looking at something.' Compare the line in Faust (749)

Man sieht sich leicht an Wald und Feldern satt.

15. wandeln = lustwandeln, to walk up and down (for the sake of enjoyment and recreation).

16. sich ergetzen, 'to enjoy oneself,' is now commonly both spelt and pronounced with an ö instead of e; but we have thought it right to preserve Goethe's own mode of spelling, which is, moreover, borne out by etymological reasons. Kegelkugel, 'skittle-balls.'

19. The student will do well to observe that Goethe is fond of using the neuters of adjectives instead of abstract nouns—which is indeed a peculiarity of the German language as well as of the Greek (τὸ καλόν, das Schöne, which Lord Lytton ventured to translate 'the BEAUTIFUL.')—

20. das Ahnungsvolle ' the foreboding tendency.' Cf. 50. 9.

21. in der Folge = in der Folgezeit, 'in the sequel.' The citations in Grimm's *Wörterb.* 3, 1873, show how fond Goethe was of this word.

23. Prospecte, *m.*, 'views.' Goethe's father had probably brought these engravings back with him from Rome in 1740.

der Vater for mein Vater. Goethe and Schiller are especially fond of using the definite article for the possessive pronoun.

24. einen Vorsaal, one of the landings. The landings in the Goethe house are very spacious and airy with windows looking to the back. Each of them thus forms a large ante-room (Vorsaal) to the other rooms on the same floor. The staircase runs up one side, cf. 66. 16. v. Loeper remarks that this use of the term Vorsaal is Thuringian.

gestochen, 'engraved,' from stechen, 'to prick,' because the lines are drawn on a copper-plate with a sharp-pointed needle or 'burin.' So ein Stich is 'an engraving.'

25. Vorgänger, 'predecessor;' 'successor' is Nachfolger. There is no word Nachgänger; a similar word, Nachtreter, denotes a servile imitator, who follows in the track of another.

Giovanni Battista Piranesi, a celebrated architect and engraver, was a native of Venice, but resided at Rome during the greater part of his life. 'He was remarkable for a bold and free style of etching...he worked with such rapidity and diligence, that the magnitude and number of his plates almost exceed belief, and they are executed with a spirit and genius which are altogether peculiar to him...*Antichità Romane* comprised in 218 plates of atlas paper, commencing by a topographical view of ancient Rome, made out from the fragments of a most curious antique plan of the city found in the pavement of the temple of

Romulus, and now preserved in the museum at the Capitol....The exact
time of his death we have not been able to learn, but it is supposed to
have happened in, or near, the year 1780.' From the *Biographical
Dictionary* (1798), vol. XII. p. 243—245, where 12 great works of Piranesi are enumerated. His best known work *Le Antichità Romane* a
series of masterly engravings of the principal buildings and monuments
of Rome was published at Rome in 1756 in 4 vols. folio. The 'geſchichte
Vorgänger' of Piranesi were, amongst others, G. B. Falda, A. Specchi,
and G. Wouters, who all flourished in the latter half of the 17th century.
Views of Rome engraved by them are now hung on the walls of the
Vorſaal on the first floor of the Goethe house at Frankfurt.

    ſich auf A. und B. wohl verſtanden, 'were masters of architecture and
perspective.' ſich auf eine Sache verſtehen means 'to be thoroughly well
versed in a thing.'

    26. Nabel = Rabirnabel, 'engraving-needle,' 'graver.' Here it stands
for the engraved work.

    27. The *Piazza del Popolo* ('Place of the People') is a large open
place at Rome, at the foot of the *Monte Pincio.* From this place three
streets diverge, which are among the most frequented of modern Rome,
the *Corso*, the *Via di Ripetta*, and the *Via del Babuino.*

    28. *Coliseo* is the modern appellation of the immense amphitheatre
erected by the emperor Vespasian (70—79 A. D.). Now

        A ruin—yet what ruin! from its mass
        Walls, palaces, half-cities, have been reared;
        Yet oft the enormous skeleton we pass,
        And marvel where the spoil could have appear'd.

These words of Byron's (*Childe Harold* IV. 143) contain an allusion to
the fact that Pope Paul II. employed the stones of the Coliseum for erect-
ing part of the Palazzo di Venezia at Rome; in the same barbarous
manner, the ruins of the Coliseum were despoiled for the erection of the
present Palazzo Farnese and of the Cancellaria. In the middle ages,
these extensive ruins served as a kind of quarry for the feudal nobles of
Rome—yet after all these spoliations they are still immense!

    die Peterskirche, St Peter's Church at Rome, the most important
monument of the architectural style of the Renaissance, commenced
under Pope Nicolas V. in the middle of the fifteenth century according
to a design by Rossellini, recommenced in 1506 by Julius II. under the
direction of Bramante, and then after various interruptions finished by
Michel Angelo and his successors. The present immense building was
not completed before the 17th century, the last parts having been

carried out by Maderno and Bernini in a very doubtful taste. Der
Petersplaß is in front of the church.

29. bie Engelsburg, *Castel San Angelo*, the modern name of the vast
structure originally erected by the emperor Hadrian (117—138) as his
sepulchre; in the middle ages it served as a kind of stronghold for the
Popes in their numerous feuds with the Roman nobles and citizens, and
was finally converted into its present shape under the direction of the
architect Giuliano da San Gallo (di Bartolo), who had also a certain
share in the erection of St Peter's Church. The name is derived from
the figure of the Archangel Michael which surmounts the whole fabric.
The legend is that Gregory the Great (590—604) on his way to St
Peter's to offer up special prayers for deliverance from a pestilence
which was desolating the city saw the Archangel standing on the
summit of the fortress with his sword sheathed to signify that the
plague was stayed.

30. brüdten ſiď tief bei mir ein, 'made a deep impression upon me.'

31. lafoniſď, '*laconic*,' orginally denoting the brevity and terseness
of expression peculiar to the Lacedæmonians (Λάκωνες). The Greek
writer Plutarch (second century after Christ) has left us a collection of
such 'Laconic' sayings.

PAGE 4.

1. Gefälligfeit, 'disposition to please,' 'kindness.' Er thut mir bies
ju Gefallen, 'he does this to please me, (as a favour).'

3. ausgeſproďen, 'pronounced;' the German bearing all the different
shades of meaning of the English word.

4. Marmor‧ und Naturalienſammlung, 'collection of marbles and
natural curiosities.'

8. italieniſď verfaßt 'written in Italian.' verfaſſen is 'to compose.'
Abſďrift und Redaction, 'copying and editing.' Redaction denotes the
careful and detailed correction and elaboration of an original rough
sketch. Redacteur is in German, as in French, generally used to denote
the editor of a newspaper or journal.

ђeftweiſe, 'in parts.' Ѕeft is a number of sheets stitched together
(juſammen geђeftet); hence Ѕeft is often used in the sense of the French
cahier, 'a copy-book,' and for the numbers of a publication (*livraison*,
Lieferung).

10. v. Loeper observes that no Italian teacher named Giovinazzi
has hitherto been traced by the Frankfurt scholars, who have been

very careful in their investigations concerning this period. But it seems probable that *Giovinazzi* was merely the 'sobriquet' by which the merry old man was known in the Goethe family: 'the youngster'.

Instead of baran, it would perhaps have been more usual to say babei.

11. ſich bequemen 'to adapt herself,' 'submit.'

12. Goethe has preferred the foreign expression accompagniren to the German begleiten, which is used in the same sense.

13. The allusion is to a short poem called *La Lontananza* by Paolo Rolli, an Italian poet of the eighteenth century (born at Rome in 1687, lived several years at the English court as teacher of Italian to the Royal Family, died at Todi in Umbria in 1767). The first four lines are as follows—

> Solitario bosco ombroso,
> A te viene afflitto cor,
> Per trovar qualche riposo
> Nel silenzio e nell' orror.

'O lonely shady grove, to thee comes a stricken heart, to find some repose in the silence and dreadful gloom.' The lines were set to music by more than one composer and became very popular.

15. By means of the suffix haft we form from verbs adjectives denoting tendency, bent, inclination: lehrhaft, 'inclined to teach,' 'didactic;' lebhaft, 'inclined to live,' 'lively,' 'vivid,' etc.

bei ſeiner Entfernung von Geſchäften, 'being free from business engagements.'

17. wiſſen denotes the theoretical, and vermögen the practical side of his accomplishments.

19. Jemand zu etwas anhalten, 'to keep a person *at* a thing,' cf. 6. 19.

21. nothdürftig, 'just enough for urgent necessity;' she acquired just enough to satisfy her husband's requirements, not a whit more.

23. ſich zu Jemand halten, lit. 'to hold to, to be constantly with, a person.' Freiſtunde, 'leisure-hour,' 'leisure-time.'

25. hinlänglich, 'sufficient;' es langt means lit. 'it reaches,' 'it suffices,' 'it will do.'

27. Weihnachtsabende, i.e. Christmas-Eve 1753, cf. 5. 9, *note.*

29. Puppenſpiel 'puppet-show.' We have still many of the puppet-plays that used to be exhibited: they have been collected by Carl Engel, *Deutsche Puppenkomödien*, Oldenburg, Schulze. (Puppe by itself means 'a doll.')

Page 5.

2. nachflingen denotes the weaker vibrations of the sound, after the chief tone has passed away. The use of the prep. in with the acc. is peculiar, to denote the result into which the sounding is finally resolved. Mr Oxenford's rendering, 'which continued to vibrate with a great and lasting effect,' is very free, but expresses the meaning correctly. The deep impression produced on the mind of the young Goethe is sufficiently shown by the enthusiastic description of a puppet show in his novel *Wilhelm Meisters Lehrjahre*, Bk. 1. ch. 2.

3. das ftumme Perfonal, 'the mute array of characters,' 'the mute company,' are the puppets (*marionettes*), by means of which the plays are acted. Observe that Perfonal, being a foreign word, is pronounced with the accent on the last syllable.

5. zu eigener Uebung und dramatifcher Belebung, 'for us to set in motion and call into dramatic life.'

mußte fein, 'could not but be,' 'was of course.'

9. Frau Cornelia Goethe died on March 28, 1754, aged 86, about three months after she had so greatly rejoiced her grandchildren's hearts by her last Christmas present.

Abfcheiden is (like 'departure') an euphemism for 'death.'

13. 'My father had abstained from making even the very slightest change or renovation.' We have heard before that the house belonged by right to the grandmother.

16. Hauptbau, here 'a great building design,' 'an extensive scheme of building.' In other places, the word means 'the principal part of a building.'

etwas vornehmen, 'to take a matter in hand;' hence Bornehmen, *n.*, 'undertaking, 'design.' In this sense we say also, etwas in Angriff nehmen.

18. bei Aufführung hölzerner Gebäude, 'whenever people erected wooden structures.'

20. It would be more correct to say Stockwerken. Cf. above 1. 12.

ü'berbauen, to build so that the upper part of the building projects over the lower. This is afterwards called herausrücken.

21. denn is a mere expletive; cf. 2. 27.

befonders qualifies the adjective enge: 'streets which were especially narrow.'

22. ängftlich commonly means 'anxious;' here, however, it should be understood in an active sense = ängftlich machend or beängftigend

'cramping,' 'oppressive.' The adjective eng, 'narrow,' is from the same root; so are Lat. *angere, angustus,* and Gk. ἄγχειν.

ein Geſetz geht durch, 'a bill (law) is passed.'

23. von Grund auf, *funditus,* 'from the foundations.'

24. There are still many old houses of this description to be seen at Frankfurt. The Goethe house has been restored to the condition in which it was in 1755, after the alterations here described, and is preserved as a national monument.

27. ſich um etwas bekümmern, 'to trouble one's head about (care for) something.' Um etwas beſorgt ſein, which follows directly, expresses the same notion.

30. Ausflucht (or Ausweg) denotes an expedient (evasion) by which a difficulty is avoided.

unterſtützen is here, and in 6. 17, used in its original sense 'to prop up, to underprop;' but it has more frequently the metaphorical sense 'to help, aid, support.' Hence the subst. Unterſtützung, 'support.'

PAGE 6.

1. einſchalten, 'to insert.' Cf. Schaltjahr 'leap year,' a year with an additional day inserted. ſchalten means orig. 'to push:' whence Schalter, the opening through which letters are *pushed* in a post office.

2. gewiſſermaßen, 'in a manner,' is originally a genitive plural, lit. 'in certain measures.'

3. Reparatur, 'a reparation,' formed as if from a Lat. word '*re-paratura.*'

4. Einreißen, 'demolition.' Aufrichten, 'building up.'

7. das Techniſche = die techniſche Seite, 'the technicalities.'

11. Observe the frequent use of the past participle without the auxiliary hatten.

12. wenig erfreulich, 'not at all pleasant.'

13. der Gang, 'the passage' (in a building).

15. die Hacke, 'the pickaxe.'

Zimmermann, 'carpenter,' still preserves in its first part the original meaning of Zimmer = *timber.* The same appears in the verb zimmern.

16. zwar (M.H.G. *ze wâre,* in truth), here 'moreover.'

22. von der Jugend = von uns jungen Leutchen, 'by the young people.' Jugend is used as an abstract, a concrete, and a collective noun.

23. Spielraum, lit. 'space for playing;' they were allowed to play about more freely and were not confined so strictly as before.

24. ſchaufeln, 'to swing;' hence 'a swing' is called eine Schaufel.

25. ſich auf Brettern zu ſchwingen, 'to play at see-saw with the boards.' (Oxenford.)

26. die erſte Zeit, acc. of duration, 'during the first part of the time.'

27. abtragen, lit. 'to carry away' (e.g. dishes from the table); then in general 'to remove.'

28. ohngeachtet, commonly written ungeachtet, is used as a kind of pre-position, and joined with the genitive; it means 'notwithstanding,' 'in spite of,' lit. 'no attention being paid to,' fr. achten 'to give heed.'

übergeſpannt is 'stretched over;' but überſpannt has the metaphorical sense of 'excited,' '*exalté.*'

29. Tapeten has been commonly taken here to mean 'carpets,' but it is rarely used in this sense. There are two forms Tapet, *n.* (only used in such phrases as aufs Tapet bringen 'to bring on the tapis,' auf dem Tapete ſein, 'to be under discussion,') and Tapete, *f.* We find the word again in 9. 24, 52. 12, and 70. 13, also in the compounds Tapetentheil 56. 23, Tapetenſtil 57. 11, and always meaning 'wallhangings.' So probably here it means wallhangings of waxed cloth or oilcloth which had been stripped off the walls and were now used as tarpaulins.

30. obgleich ungern, 'though much against his wish,' 'reluctantly.'

Page 7.

4. eine Sache gewahr werden, 'to become aware of a thing,' 'to be-come actually acquainted (familiar) with it.' This is a very favourite phrase of Goethe's, cf. 25. 31, 38. 19, 46. 16, 54. 26, 64. 23.

immer freier, 'with ever-increasing freedom.'

6. der Geſpiele, a playfellow, 'he who plays *with* another.' The prefix ge- frequently corresponds to *co-* or *con-*. Cf. Geſelle, Gefährte.

9. mit etwas vorgreifen, 'to do a thing by anticipation;' einem vor-greifen, 'to anticipate a person.' Cf. 27. 1.

11. The great bridge over the Main, which connects Frankfurt with the suburb of Sachsenhausen, was built in the year 1342; it rests on 14 arches, is 945 feet long, and $27\frac{1}{2}$ feet broad. From it a splendid view up and down the river may be obtained.

13. es, i.e. das Bauwerk; it might also have been ſie, sc. die Brücke.

14. die weltliche Obrigkeit, 'the civil (or secular) authority.'

16. Observe the prepos. nach, in place of which most Germans would probably have written auf. But Goethe means to express that the eyes of the beholder follow the course of the river, hence the river draws the eyes *after* it.

17. Brückenkreuz, the cross erected on the bridge. The golden cock has occupied a place on the bridge ever since the earliest times, though it is difficult to settle what it is meant to indicate. It had been gilt anew in 1750, at a cost of 200 gulden, and has since then remained in the same state as when Goethe admired it.

19. ward spaziert, 'a walk was taken,' 'I took a walk.' Note the omission of es. wurde is now always used for ward except in poetic language. Sachsenhausen is a suburb of Frankfurt on the left or southern bank of the Main. Its name is said to have been derived from a colony of Saxons who were removed from their own country and forced to settle here by Charles the Great.

20. ein Kreuzer is the sixtieth part of a South German Gulden, worth ⅓ of a penny. The name is derived from the cross which appeared on the earliest coins of this description, which were struck in the Tirol in the 14th century.

gar behaglich, 'with very great satisfaction' (Behagen). He crossed the river back again by the ferry.

21. diesseits means of course 'on the Frankfurt side' of the river.

22. der Weinmarkt is before St Leonard's gate, close to the Main. The cranes were along the river bank for unloading vessels.

24. das Marktschiff appears to have been a very primitive means of communication with the cities of Höchst and Mainz. It has, of course, long ago ceased to ply on the river.

25. mitunter, lit. 'together among,' 'among them.'

ging es, 'if I went.' Note the idiomatic use of the impersonal form of construction.

26. der Saalhof is still one of the most conspicuous buildings by the riverside. Lewis the Pious, who erected the original building, lived in it during the winter of 823, and Charles the Bald was born in it. The Carlovingian, Saxon and Hohenstaufen Emperors often resided in this palace, but in the 17th century it fell into private hands, and was magnificently rebuilt at the beginning of the 18th century.

27. wenigstens, even though the building was modern it at least occupied the ancient site, where Charles the Great's citadel was reputed (sollte) to have stood.

29. Gewerbstadt, 'the commercial town,' the original and oldest part of the city in which most business is transacted even now, and in which the half-yearly fairs are held.

30. Markttages is the genitive of time, used adverbially, like Abends, Morgens and many others. We might also say, an einem Markttage.

Observe the variation of construction in die alte Gewerbſtadt, in dem Gewühl. The use of the accusative implies the action of plunging *into* the
labyrinth of streets and losing himself there.

31. St Bartholomew's is more commonly known as der Dom. Part
of the great tower (which had never been completed) and of the building itself was seriously injured by a fire in August 1867, but has since
been elaborately restored. It has always been a Roman Catholic
church.

Pᴀɢᴇ 8.

4. Anſtalt usually means 'institution, establishment;' here we should
translate it as equivalent to Veranſtaltung, Einrichtung, 'arrangement.'

5. das Pfarreiſen denoted an enclosure adjacent to the Dom on the
town-side, where an *iron* gate appears to have once shut in the ceme-
tery which originally surrounded the church. Fugitives from justice
might here claim the privilege of sanctuary. The prefix Pfarr is used
to denote anything belonging to the principal church in a place. The
Dom would be the Pfarrkirche, the tower of the Dom is the Pfarrturm &c.
Every trace of the Pfarreiſen is now gone. It is all Domplatz.

6 bedeutend is a very favourite word of Goethe's, and one to which
he gave a much wider meaning than it formerly had. Its primary
meaning is of course 'signifying:' hence it came to mean 'significant,'
'full of meaning,' 'important,' 'full of interest.' Cf. 8. 25.

der Vatzen was a coin worth 4 Kreuzer, one fifteenth of a gulden;
Grimm explains it 'nummus ursi typum gerens,' from the bear which
appeared on the earliest coins of this kind, struck at Berne.

8. mochte man is not the same as vermochte or konnte man; the little
people seldom felt inclined to push their way through the crowded
and dirty market-place.

11. Fleiſchbänke, 'shambles,' 'meat-stalls.' These stalls which excited
Goethe's horror and disgust more than a hundred years ago, continue to
disgrace the city of Frankfurt. A narrow lane called die lange Schirn,
'the long shambles,' which lies on the side of the Dom, is full of them.

12. der Römerberg is a large open space not far from the Main, with
the elegant Nicolaikirche on the south side, and the Römer (or Rathhaus) on
the north. The origin of the name Römer is uncertain. Possibly, as
von Loeper suggests, it may have been the name of the family to whom
this building formerly belonged. It became the Rathhaus in 1405. The
old Rathhaus was close to the Dom.

14. architektonisch is the adv., which it would, however, be impossible to render in English by one word. We may translate: 'from an architectural point of view,' or 'in the way of architecture.'

17. bezeichnen, lit. 'to serve as a *token* (Zeichen) of something;' hence, 'to define,' 'designate.'

18. weiterhin should be taken in its original local sense: 'farther on.' It also signifies 'henceforward.'

20. Alles sprach noch zu deutlich aus, 'all still showed (but) too plainly.'

22. diese Anstalten hervorgebracht (sc. hatte), 'had led to these constructions.'

23. breiter and schöner are adverbs: 'the new streets which had been laid out so as to be broader and more beautiful.'

24. die Willkür, lit. 'arbitrary choice;' 'personal fancy,' 'caprice.' The word is formed from Wille and Kür (O.H.G. *churi*) derived from the same root as the old verb kiesen, '*to choose*,' pret. kor, part. gekoren, now more frequent in the compounds auserkor, erkoren; the mod. form of the inf. is küren, used only in poetry or higher diction.

25. In this phrase we commonly use the compound: Einem (or einer Sache) seinen Ursprung verdanken.

26. bedeutend blieb für uns, 'was an object of unfailing interest.' Rathhaus, 'Town Hall,' *hôtel de ville*. The German name indicates that the Council or Senate (der Rath) held its meetings in the building.

27. gewölbähnlich, 'vault-like.' Ein Gewölbe is a vault.

The expression sich verlieren ('to lose oneself') is of course a somewhat exaggerated expression for wandering about.

29. Instead of the half-foreign Sessionszimmer, Goethe might have said Sitzungszimmer. But he seems to have preferred the pedantic appellation actually applied to the room at that time.

30. getäfelt, 'panelled,' fr. Tafel, *f.* (Lat. *tabula*) 'a board,' 'panel.

31. Wölbung, 'vaulted (arched) ceiling.'

PAGE 9.

1. Bildwerk, 'sculpture.'

3. Goethe has quoted the inscription from recollection, and his memory has failed him. It actually runs as follows:

> Eyns mans redde ein halbe redde
> man sal sie billich verhören bede.

'One man's speech is half a speech; they should in justice both be heard.' The corresponding Latin maxim *audiatur et altera pars* is well known.

7. Vertäfelung, 'the panelling,' or 'wainscot.' Cf. 8. 30.

10. Bänken. There were three '*benches*,' see note below.

linker Hand is an adverbial use of the genitive, = links, or zur Linken, 'to the left.' Compare what follows directly afterwards.

11. The more usual expression is, die gegenüber liegende Ecke.

12. Schöffe denotes an elected magistrate, like the 'Aldermen' of London or the 'Bailies' of Edinburgh. The Rathsherren of the second bench were the representatives partly of the old patrician families, seven being members of the Limpurg family, partly of the wealthiest citizens and doctors of law. The occupants of the third 'bench' were the representatives of the tradespeople. There were 14 on each 'bench,' 42 councillors in all. Schöffe is an old German word, O.H.G. *sceffin*, *sceffino* derived from O.H.G. *scaffan* (mod. G. schaffen), 'to form,' 'to set in order,' hence 'to award justice.'

14. die Fensterseite is that side of the room where the windows are. nunmehr, further.

15. sich ziehen, here 'to extend,' 'run.'

17. der Protokollführer, 'the registrar,' who takes down the minutes of the proceedings of the Senate. In this sense we also say der Protokollist. The word das Protokoll is of Greek origin, τὸ πρωτόκολλον (πρῶτος and κόλλα), which denotes in Byzantine Greek 'a paper (*glued on at the beginning*) containing the substance of a legal instrument, to be filled with names, date, and so forth' (Sophocles, *Lex. of Byz. Greek*, p. 958).

18. This is a shortened conditional clause = wenn wir einmal in dem Römer waren.

19. wohl, 'probably.'

burgemeisterlichen. Goethe has the old form, in which the u remains without modification, also in *Herm. und Dor.* 4. 21, der würdige Burgemeister. Burgemeister means 'master of the town' (Burg, *burgh*). The usual modern term Bürgermeister means 'master of the citizens' (Bürger, *burghers*). In Frankfurt the strictly municipal business was managed by two Burgemeister who were the executive officers of the Rath, and were elected annually, one from the members of the 'First Bench,' the Schöffen (cf. above, line 12 *n*.), the other from the members of the Second and Third Benches.

22. der Schließer, lit. 'he who locks the door and has the key,' i.e. 'the keeper,' 'custodian.'

23. die Kaifertreppe, 'the imperial staircase,' had been made in 1742, when the frescoes were also painted.

24. Purpurtapeten, 'purple wall-hangings.'

25. The 'election-chamber' joins the Kaiferfaal; it is still in the same state as when the boy Goethe beheld it with respect and awe. 'The allegorical and humorous scenes which are painted on the ceiling and over the doors, and in which little cherubs are seen playing with the *insignia* of the empire (the crown, sword, orb and sceptre, embroidered slippers and coronation robe), date from the year 1740, like the rest of the decoration of the room.'

Goldleiften are gold borders; these are said to be in curious (strange, fantastic) arabesques (Schnörfel). Leift, *f.*, 'a border,' is akin to Eng. '*list*,' 'a strip;' Leiften, *m.*, is a (shoemaker's) *last*.

26. die Thürftücke are 'the paintings over the doors,' of which there are five, one in the middle of the end wall opposite the windows, and two on each side. In this sense Stück is also used in the expression ein Knieftück (a half-figure portrait). Each scene has its appropriate Latin motto: e.g. with the coronation robe is the legend, *Nil hoc ornatu servat Germania majus*,—with the orb and sceptre, *Hoc angusta manus radiat moderamine mundi*,—with the crowns, *Emicat his populo majestas summa coronis*.

28. belaftet expresses that the *insignia* seem to be too heavy a burden (Laft) for their tiny bodies.

29. eine wunderliche Figur fpielen, 'to cut an odd figure.' Note the distinction between wunderlich, 'odd,' 'fantastic' (cf. 14. 26; 16. 16), wunderbar (or wunderfam), 'wondrous,' 'strange,' and wundervoll, 'wonderful,' 'admirable.'

Page 10.

1. The expression is somewhat strange on account of its brevity. It is a mixture of two phrases, eine Krönung zu erleben and eine Krönung mit (eigenen) Augen zu fehen. Young Goethe's wish was fulfilled, and the coronation he witnessed, that of Joseph II., king of the Romans, April 3, 1764, is splendidly described in the fifth book of his Autobiography.

The Kaiferfaal is the great hall in the Römer, in which the newly elected Emperor received the homage of the assembled princes and nobles, and entertained them at a grand banquet. Here too the public sittings of the Courts (e.g. das Pfeifergericht, 13, 30) were held.

5. die Bruftbilder, i.e. the half-length portraits of the Emperors from Charles the Great (800) to Francis II. (1792). Those which

Goethe saw were not the same as now adorn the Kaiſerſaal. The old portraits were in 1840 replaced by new ones executed by the principal painters of Germany.

7. mochte, who 'felt *inclined*' to tell us something.

8. Charles the Great (768—814) was crowned Roman Emperor by Pope Leo III. on Christmas-day, 800.

märchenhaft, 'fabulous.'

10. Rudolph von Habsburg was elected German Emperor in 1273, after an interregnum of 19 years during which Germany had been given up to anarchy and violence. He died in 1291. Compare Schiller's famous ballad 'Der Graf von Habsburg.'

11. The 'great disorders' alluded to are the troubles of the period called 'the interregnum' (1254—1273), in which the 'robber-knights' (Raubritter) had carried on their depredations without the least fear of punishment. gemacht, sc. hatte.

12. Karl IV. (1346—1378) of the house of Luxemburg, King of Bohemia and Emperor of Germany, had determined the mode of election of his successors by the famous act called die goldene Bulle, a copy of which is still shown in the Römer. This document dates from the year 1356, and has received its name from the golden capsule attached to the parchment. It was of great importance to Frankfurt as it confirmed the city in the privilege which it had enjoyed since 1147 of being the place where the Emperor was elected.

13. Goethe makes a strange mistake in ascribing the Halsgerichts-ordnung given by the Emperor Charles V. (1519—1556) to Charles IV. who lived nearly two centuries before. Perhaps the confusion may be due to the fact that these two imperial ordonnances were known by the common name of *Carolina*, 'the Caroline laws.' Halsgericht, a court which has power over a man's neck, i.e. the power of inflicting capital punishment. Hence die Halsgerichtsordnung is the 'criminal code.' peinlichen, 'penal.' Pein is fr. Lat. *poena*, O.H.G. pína.

15. ein Gegenkaiſer, an Emperor elected in opposition to another. Günther von Schwarzburg was opposed to Charles IV. in 1349, and was supported by some of the Electors, but he resigned his pretensions to the crown, and died very soon afterwards on June 19 of the same year. He lies buried in the Dom at Frankfort.

16. The verb entgelten, 'to make retribution for,' generally takes the accusative of the person and an accusative (originally genitive) of the thing: e.g. Ich laſſe dich es nicht entgelten, 'I do not let you suffer for it.' But v. Loeper quotes two instances of the dative, one from

Lessing: Warum foll ich meiner Gefundheit feine Grobheit entgelten laffen? and another from Thümmel: den Enkeln entgelten laffen.

Maximilian I. of the house of Habsburg, the grandfather of Charles V., reigned 1493—1519. He is commonly called der lette Ritter.

19. denn, 'accordingly.' eingetroffen (sc. fei).

21. Charles V. was the son of Philip of Habsburg and Johanna of Castille, the daughter of Ferdinand and Isabella of Spain. He became king of Spain in 1516, and was elected Emperor in 1519.

22. François I., king of France, 1515—1547, the powerful and valiant adversary of Charles V. The subjunctive habe is used because it depends on hörten wir (line 16). So further on, after fügte man hinzu, we have the subj. umgehe, fei, bleibe, erfülle.

bedenflich, 'with anxiety:' usu. of things, 'serious,' cf. 25. 1.

23. Weissagung, 'prediction.'

24. Vorbedeutung, 'foreboding.'

u'mgehen, lit. 'to go about,' 'to circulate.'

augenfällig, 'obvious.' Compare the expression, es fällt in die Augen, 'it strikes the eye.'

25. Eines is spelt with a capital, because it denotes '*only* one.'—In Goethe's boyhood there seemed to be only room left for one more portrait, that of Joseph II. By removing a clock between the windows, room was made for Leopold II., and subsequently even Franz II. was provided with accommodation. But now the hall is actually quite full.

28. unfern Umgang hielten, 'went our rounds.'

31. The sepulchral monument of Günther was not seen by Goethe in its original place, i.e. the choir of the Dom, but in a place by the side of the choir, to which it had been removed by Charles VII. in 1743, in order to gain more space in the body of the church. It is for this reason that Goethe uses the expression ehmals directly afterwards, as the stone had been removed from the grave itself.

PAGE 11.

2. Conclave is the Latin term, a German equivalent of which would be die Wahlkapelle.

6. Einbildungskraft, 'imagination.' Instead of this German term, we often use the foreign word die Phantafie.

8. die mächtigften Fürften, i.e. the Electors, the most powerful princes of the Holy Roman Empire, who usurped the right of electing the Emperor. Their title Kurfürft is derived from Kur or Kür 'choice,' 'election,' cf. 8. 24 *n.* There were originally (13th cent.) seven of them,

viz. three ecclesiastical, the Archbishops of Mainz, Trier and Cöln, and four secular princes, the Count Palatine of the Rhine, the Margrave of Brandenburg, the Duke of Saxony, and the King of Bohemia, to whom were added the Duke of Bavaria (at the Peace of Westphalia, 1648) and the Duke of Hanover (in 1692). eine Handlung, viz. the election of the Emperor.

10. würbig, '*becomingly*,' 'in a manner suitable to the importance of the business transacted there.'

obenein, 'moreover;' i.e. besides its being not at all properly decorated; obendrein is now more usual. It means lit. 'over and above into (the bargain).'

11. das Gerüst, 'a scaffolding,' fr. rüften 'to furnish,' 'to prepare.'

das Gesperr is the collective of Sparren, 'a *spar*,' 'beam,' 'rafter.' The word is not very common.

12. verunstalten, 'to disfigure.'

13. uns, the dative of interest. Goethe might also have said unser Herz in the same way as he has unsere Einbildungskraft before, but he preferred to vary the construction.

15. Fremden. In modern German we should say Fremde after einige.

17. hatte man, 'when I had.' patriotischen Beschränkung, 'patriotic restrictions.' The expression seems to imply that there was something patriotic in thus limiting oneself to the accurate study of one's native town.

18. die Messe means (1) 'the mass' (from the expression 'ite, *missa* est concio '), (2) a great market, fair (F. *foire*); an intermediate sense 'a feast-day,' Feiertag, which explains the transition from (1) to (2), has now gone out of use. The fairs took place at the times of great church festivals, in the celebration of which the Mass held of course the most important place. Compare the English terms Christmas, Candlemas, Lammas, Martinmas. The Frankfurter Messen were reckoned among the Seven Wonders of Germany, the other six being the Choir of Cöln Cathedral, the Clock at Strassburg, the Organ at Ulm, the Art of Nürnberg, the Architecture of Augsburg, and the Library at Mainz. To its fairs Frankfurt owed much of the importance which it acquired in medieval times. The Autumn Fair (Herbstmesse) was sanctioned by the Emperor Frederick II. as far back as A.D. 1240. The Easter Fair (Ostermesse) was confirmed by Ludwig the Bavarian in 1330. The exact times of the fairs were frequently changed. In Goethe's time the Easter Fair began on Easter Tuesday, and the Autumn Fair on Sept. 8 (Maria Geburt, cf. 14. 17).

19. in ben fämmtlichen Kinderköpfen = in ben Köpfen fämmtlicher Kinber.

20. Gährung, lit. 'fermentation,' is often used metaphorically, like the English 'ferment.'

21. bie Erbauung is (1) originally: 'building up;' (2) metaphorically: 'edification' (of the soul). Here it appears, of course, in its original sense.

A more usual phrase is in kurzer or in geringer Zeit.

22. Wogen, 'surging,' is frequently used of the swaying to and fro of a large multitude.

Treiben, lit. *driving*, 'going on:' compare was treibst bu ba? 'what are you doing there?' and the common phrase bas Thun unb Treiben. Cf. 31. 18.

24. an is of course adverbial, 'onwards.'

unbezwinglich is an adverb, 'irrepressibly active.'

26. kinbischer Besitz denotes those things which children are fond of possessing.

30. We might also have said bie Vorstellung von all' bem, was bie Welt hervorbringt. But Alles is often used after was to give it a wider sense.

PAGE 12.

2. Feierlichkeiten, 'solemnities,' 'ceremonies.'

3. würdiger = ehrwürdiger, 'solemn,' 'dignified.'

4. vergegenwärtigten, 'made present to us,' 'brought vividly before us.'

5. bas Geleit, 'escort;' hence also the verb geleiten. Geleitstag, 'escort day,'

6. The Fahrgasse extends from the east end of the Zeil (the principal street of Frankfurt) to the old bridge, leading to the suburb of Sachsenhausen on the left bank of the Main.

7. besetzt, 'occupied' by lookers-on, spectators.

8. ben Tag über = ben ganzen Tag, 'all day long.'

11. es kommt auf eine Sache an, 'it depends or hinges upon a thing.' Here we may translate 'the really important event,' 'the real event of the day.'

erst is frequently used in the sense of 'not before,' 'not...until,' cf. 17. 4.—mit finkenber Nacht, 'by nightfall;' thus we say ber Abenb (or bie Nacht) sinkt herab; the expression being however somewhat poetical.

12. The sense is 'it was more taken on trust than actually seen.'

14. nach Belieben, 'just as he pleased.' Es beliebt mir, 'I have a liking, a fancy.' The expression nach Lust (which follows directly) has the same sense.

bas Recht is 'right, law;' bas Rechte, an adj. used as a subst., bears a wider sense: 'that which is right:' 'promoted the cause of justice just as he pleased.'

15. It should be observed that the sing. is ber Handelsmann, but in the plural we do not say Handelsmänner. So we have Kaufleute, Arbeits-leute, Fährleute, Zimmerleute.

16. ein Wegelagerer, lit. a 'waylayer,' 'a highwayman.'

eblen unb uneblen Geschlechts. The nobles were often the worst robbers of all. This use of the weak inflexion of the adjective, though there is no article preceding, is now very common and idiomatic with masc. or neut. nouns in the sing. but not with fem. or plural nouns. We should say er ist guter Hoffnung, or voll froher Gefühle. The strong inflexion is the older.

17. The alliterative phrase geplagt unb geplackt is used for the sake of emphasis, placken being merely another form of plagen, 'plagued and pestered.'

18. Stände for Reichstände, cf. 13. 10, 'Estates of the Empire.' bie Jhrigen, their people, their dependants. mit gewaffneter Hand, 'with an armed escort.' Comp. the use of Lat. *manus* in the sense of 'a band.'

19. bie Reichsstädter, 'the citizens of the imperial city,' i.e. the Frankfurters. Cf. 68. 24.

20. sich etwas vergeben, 'to give away a thing for (dat. of interest) oneself' (i.e. to one's own loss), 'to make a concession.' Wollten sich selbst unb ihrem Gebiete nichts vergeben, 'were not willing to yield any of the rights belonging to themselves or their territory,' cf. 72. 2; one of these rights being that no body of armed troops of another Estate of the Empire might cross their border.

23. gar, 'even.'—ihren Einritt nehmen is a somewhat unusual phrase. Einritt is the reading of the first edition, which has subsequently been commonly altered to Eintritt. The escort consisted always of horsemen, and it was the entry of the armed troop, not of individuals, that was a violation of the city's rights.

25. hohe Personen, 'persons of rank.'

26. sich heranbegaben, 'betook themselves,' 'resorted hither.'

27. öfters is the comparative of oft with s added to give it an ad-verbial form. It means 'more often than not,' 'pretty often.' Goethe uses it very frequently, cf. 18. 30, 19. 8, 22. 23, 27. 24, 41. 22, 45. 24, 50. 11, 57. 28. So öfter, 37. 31, 64. 1.

Thätlichkeiten, 'acts of violence,' cf. 40. 26.

30. zeither = bie Zeit her, 'during the time since,' 'in later times.'

eine Verhandlung pflegen, 'to carry on a negotiation.' Note that in this phrase pflegen has the strong conjugation, gepflogen not gepflegt.

31. (der) Receß (from the Lat. *recessus*) is a law term meaning the same as the German word Vergleich, 'compact.'

PAGE 13.

2. Zwist is connected with zwei; compare the verb sich entzweien, to (be divided by a) quarrel. Einen Zwist (or Streit) beilegen means 'to *allay* a quarrel,' 'to settle it.'

3. die ganze Anstalt, 'the whole institution,' i.e. the custom of having an escort.

4. We do not say einen Zwist führen, but we do say einen Streit, Kampf, or Prozeß führen.

6. unterdessen, 'meanwhile,' i.e. while the crowd was waiting, as described above, 12. 5.

7. Instead of the definite article, we should more commonly use the possessive pronoun ihren. Cf. 3. 23 *n.*

11. They were well (i.e. liberally) received and treated.

12. See 12. 12 *n.*

13. da denn, 'when as might be expected.'

14. An instance of the figure called by the Greek term *zeugma*, i.e. one verb is made to govern two nouns, though properly only one of them agrees with it idiomatically. Here, e.g., the phrase sich auf dem Pferde erhalten is quite legitimate ('to maintain oneself on the horse'); but sein Pferd erhalten (instead of halten) would be 'to keep (not 'to hold up') his horse.' The liberal welcome accorded to the guests had powerfully affected many a city knight's brains, and seriously interfered with his balance and firmness of grasp.

15. We might also say durch das Brückenthor herein, and this we read directly afterwards.

18. sich mit etwas tragen is 'to carry a thing about with one,' 'to be full of it.' Hence man trug sich mit der Rede 'the common saying was.'

19. jederzeit (adv.), 'always.' dem Herkommen gemäß, 'in accordance with ancient custom.' Cf. 2. 25.

21. gellen is the same word as the E. *yell.* Compare die Nachtigall, 'nightsinger,' 'nightin*gale*,' from Old Engl. *galan* 'to sing.'

22. ob...gleich, 'although.' It would be equally correct and more usual to say, obgleich man. Goethe seems to prefer the separate form, cf. 24. 9, 26. 29, 36. 12, 37. 31, 40. 3. Compare also 19. 4 wenn ihnen gleich, 38. 12 ob es mir zwar and 51. 26 ob es schon.

24. bie Sinne verwirrenb, lit. confusing the senses, bewildering. This is a very strong expression. In the same sense, Schiller uses Befinnung raubenb in his ballad Die Kraniche bes Ihyfus.

Instead of Drang, it would, perhaps, have been more usual to say either bas Drängen, or bas Gebräng, or ber Anbrang.

26. The position of the verb at the end of the sentence shows that beswegen should be understood as the relative, though we should more commonly say weswegen. In modern German the whole sentence would be expressed in this way: unb beswegen (and for this reason) wurben auch bie nächsten Häuser v. b. Z. a. M. gesucht.

30. The expression am hellen Tage ('in broad daylight') is in contrast to the one used in 12. 11, mit sinfenber Nacht.

Pfeifergericht. 'Piper Court,' i.e. the court at which the pipers appeared. The last Pfeifergericht was held in 1802.

31. erste Zeiten is said in the sense of frühefte Zeiten.

Page 14.

2. Handel, 'commerce,' Gewerb, 'industry.' The taxes being proportionate to the revenue increased at the same rate as the prosperity of the towns. wo nicht, 'if not,' 'unless.'

4. bebürfen takes both the genitive and the accusative. The constr. with the genitive is the older, but now mostly poetic. ihrer, i.e. of the help of the towns.

5. wo es von ihm abhing, 'in cases where it depended on him,' 'rested with him.'

8. The Schultheiß (cf. 2. 7) was originally entrusted with looking after the taxes and tolls due to the Emperor. He thus appeared in this ceremony in his original character, though Goethe does not seem to have been aware of this.

gelegentlich, 'when occasion served.'

Bartholomäi-Messe, the Autumn Fair. The Feast of St Bartholomew is Aug. 24. In ancient times the Autumn Fair lasted from Aug. 15 to Sept. 8, but the time was afterwards altered, see 11, 18 *n.*

10. bes Anstanbs wegen, 'for the sake of decorum,' i.e. in order to make the ceremony more solemn and impressive.

11. Observe the idiomatic use of the preposition zu in the phrase zu Gericht sitzen.

12. gesetzt instead of the compound eingesetzt.

14. Zollfreiheit, 'immunity from toll.'

16. uralt, 'very old.' The inseparable prefix ur- generally signifies 'original,' 'primitive.'

17. Mariä Geburt. The Feast of the Nativity of the Virgin Mary, Sept. 8. Mariä is the Latin genitive *Mariae*.

19. umschränkt = mit Schranken umgeben, 'railed in;' umschränken is not a very frequent word, and einschränken is now always used metaphorically: 'to limit, confine, restrain.' Of this the past participle is eingeschränkt, e. g. sie leben sehr eingeschränkt, 'they live in very straitened circumstances.' erhöht = auf einem erhöhten Sitze.

21. Vollmacht is literally 'full power,' and is often employed of legal power to represent some other person; hence be-voll-mächt-ig-en, 'to appoint as plenipotentiary.' Procurator, 'one who looks after the interests of another;' hence the term 'proctor' still applied to lawyers who practise in ecclesiastical courts.

22. Actuarius, 'registrar,' the clerk of the court who registers the *acta*.

23. The compound aufsparen is more usual than sparen in the sense of 'keeping and reserving' for a certain time.

27. voriger = vergangener.

28. Schalmei still bears in its accent the traces of its Romance origin: Fr. *chalumeau* (originally it was *chalemel*), derived from the Lat. *calamus*. The English *shawm* (which is a further corruption of the German and French terms) is explained by Webster as 'a wind instrument of music, formerly in use, by some supposed to have the form of the clarionet, by others, of the hautboy.' In German we also use Hirtenpfeife, Hirtenflöte. The account of these instruments as of other details seems to have been taken by Goethe from a monograph by Fries 'Vom sogenannten Pfeifergericht,' pub. in 1752.

29. Baß is used in the sense of the Fr. *basson*, a fagotto, *bassoon*. Pommer is quite an obsolete expression. Hoboe, *hautboy*, now usually written '*oboe*.' It is derived from the Fr. *haut-bois*, high (sounding) wood.

30. verbrämen, to fringe, fr. Bräme, *f.* a *brim*.

PAGE 15.

1. We may take this either as a kind of absolute construction ('the ambassadors...following behind '), or as a second subject of the verb waren ausgezogen. The latter is, perhaps, more probable.

2. Einheimischen, 'residents.'

4. Verhandlungen, 'proceedings:' halten inne, 'are stopped.'

7. auf das Genaueste, 'most strictly,' 'most punctiliously.'

9. die darbringende Stadt = die Stadt, welche dieselben darbrachte.

11. Pofa'l should be pronounced with the accent on the last syllable, as being a foreign word, from Ital. *boccale*, Low Lat. *baucalis*, Greek βαυκάλιον, 'a large drinking vessel,' 'goblet.'

12. In the olden times, the amount of toll to be paid was always expressed in pepper (this being then a most valuable article). Hence the custom, which Goethe does not appear to have explained quite correctly.

13. geschlitzt, 'slashed.' besteppen and bequasten are rare words, quoted by Grimm only from the present passage. The first he explains *acu praetexere*, 'to embroider,' the second *cirris ornare*, 'to tassel.'

16. The 'white staff' was an emblem of the judicial privileges of the city. Hence the phrase den Stab über Jemanden brechen, 'to condemn a person to death.'

18. The small silver coins were called ein Albus, or ein Weißpfennig (= 2 kreuzers and 8 'heller,' about ⅔ of an English penny). They were stamped with a wheel, cf. below Räderalbus (16. 9).

20. einlösen, 'to redeem.' The representative of Worms used to redeem his hat by payment of a Goldgulden. The representative of Nürnberg used to bring a drinking cup.

30. der Virtuos, from the Italian *virtuoso*, which denotes one skilled in the fine arts, an artist. See, on this degradation of a noble word, Archbishop Trench's observations in his *Lectures on the Study of Words*.

31. die Mitstadt is a word doubtlessly formed by Goethe himself after the analogy of Mitbürger, Mitmensch, Mitwelt, etc. It means a city in the same predicament as Nürnberg. Mitstädte, 'sister-towns.'

PAGE 16.

1. Ort und Stelle is a frequent phrase, in which two synonyms serve to express one idea more forcibly.

6. noch selbigen Tag, 'the very same day.' Compare the last line of Schiller's ballad Der Handschuh: und verläßt sie zur selbigen Stunde.

7. eine Gewürzlade, 'a spice-box.'

8. The omission of the indefinite article ein before Stäbchen is contrary to the general rule, because the noun used in the first place is of different gender from the second.

Handschuh. It would be more in accordance with strict grammar to say Handschuhe.

11. hervorzaubern, 'to reproduce by magic,' 'to conjure up.'

14. Altvordern is a good old term = Vorfahren, 'ancestors.'

auferſtanbene, 'risen from the dead,' 'called to life again.'

15. Abgeorbnete, 'delegates,' originally p. p. of aborbnen '*to order off,*' 'to commission.'

19. luſtreid, a compound adjective readily understood, but not very commonly used. We should perhaps use froh or erfreulid.

21. unterwärts, going down (the river).

22. ein Schwefelbrunnen, 'a sulphurous spring.'

23. Compare the description of the well in *Herm. und Dor.* 5. 151,

Von dem würdigen Dunkel erhabener Linden umſchattet.

24. The popular name of the place described by Goethe is ber Gutleuthof. It is a large farm nowadays, but still belongs to one of the charitable institutions of the city, which lets it at a considerable rent.

25. Gemeinweiben or Gemeinbeweiben corresponds exactly to the E. 'commons' (lit. 'common pastures').

29. Goethe uses the strong term Ungezogenheit in the sense of Ausgelaſſenheit, 'free, extravagant, unrestrained conduct.'

30. Gemeinbeplatz means the same as Gemeinweibe.

PAGE 17.

2. verbleidt is 'turned pale' of human beings, but verblidhen is used of colours (ber Glanz bieſes Stoffes iſt verblidhen), and of dead persons (ber Verblidhene, 'the deceased').

3. ihre Mauern denotes the Orphan Asylum, which is surrounded with high walls.

4. follen signifies the decree of providence; 'it was ordained that not until a later time should people hit upon the idea.'

5. The Latin word bie Kreatur (with the accent on the last) is commonly used in German with an addition of pity and compassion; e.g. bie ſtumme Kreatur, 'the poor, dumb beast.'

einſt, one day, sooner or later.

8. hegen is used in its original sense of confining within an enclosure (bie Hege, ber and bas Hag, Engl. *hedge*). Hence bie Hegezeit is the time during which game must be spared, 'close time.' Cf. 2. 25 *n.*

Observe the alliteration in Dienen unb Dulben.

9. Urſach is colloquial in middle and south Germany for Urſache.

von Kinbesbeinen an is another colloquial phrase, instead of which many writers would no doubt prefer von ihrer Kinbheit an or auf (45. 22).

14. mit, used adverbially, 'amongst others.'

18. Instead of Gelbſumme, we may use the simple word bie Summe in exactly the same sense.

19. fich behaglich fühlten, 'to feel at ease.' The noun is bas Behagen.

22. The usual order of words would be gehabt haben mögen.

24. Vorfäle. Cf. 3. 24 *n.*

26. Ausbau, 'completion of the building.'

30. Goethe uses the German Bücherfammlung, instead of the foreign word bie Bibliothef.

31. Franzband, 'bound in calf.' The literal meaning is, bound in the French manner, Franz having here the same sense as in Franze, Franzmann and Franz-ofe. Cf. *Faust* I. l. 1917,

> Ein echter beutfcher Mann mag keinen Franzen leiben,
> Doch ihre Weine trinkt er gern.

Page 18.

3. There are two sets of Dutch editions which may be meant here: either the series issued by the famous firm of Elzevir, or the *Variorum* editions published by Blav and Wetstein. We are inclined to think that the latter are meant, as they are often found in quarto, while the Elzevirs are famous for their small size.

5. bie elegantere Jurisprudenz, 'the more elegant (not strictly technical) parts of jurisprudence.'

7. Tasso (Torquato), an illustrious Italian poet, the author of the great epic poem, *Gerusalemme liberata*, born at Sorrento, 1544, died at Rome, Apr. 25, 1595. His love for the princess Eleanor of Ferrara forms the subject of a noble tragedy by Goethe.

9. Sich (dat.) ein Vergnügen aus etw. machen, to find pleasure in a thing.

10. Keyssler's Neuefte Reifen burch Deutschland, Böhmen, Ungarn etc. appeared in two vols. (2nd ed.) at Hanover, 1751, 4to.—Nemeitz was the author of a work entitled *Séjour de Paris* ober Anleitung, wie Reifenbe fich in Paris zu verhalten haben, 1717. 4th edition, 1750.—Both these writers are now forgotten.

12. It would be more correct to say Wörterbücher verfchiebener Sprachen.

13. Reallexifon, plur. Reallexifa or Reallexifen, is a frequent title of encyclopædias, inasmuch as they are *lexica rerum* (not *verborum*).

Observe the phrase fich (acc.) Raths erholen, lit. 'to refresh oneself with advice,' 'obtain advice.' When using the simple verb holen, we should say fich (dat.) Rath holen.

18. eine Manfarbe (56. 12) or (rarely) ein Manfarb (76. 4), 'an attic,' so called from the French *mansarde, f.* 'a raised roof;' a word coined after the name of the architect, François Mansard (1598—1666).

Nachschaffen is a somewhat rare word, meaning 'subsequent acquisition or purchase.'

19. Einreihen, 'putting (the new books) into the proper row,' 'arranging' them.

20. Gelassenheit, 'composure,' 'deliberation.' Goethe's father was methodical in everything, and did not like to hurry himself. This characteristic, his methodical ways, his accuracy and his taste for collecting, were inherited by the son.

21. die gelehrten Anzeigen denotes the critical reviews which were at that time often published in journals bearing that title. Goethe himself when he was a young man contributed to a journal called Frankfurter Gelehrte Anzeigen (see Hempel's edition of his works, vol. xxix).

22. besondere Vorzüge beilegten, 'attributed special merits,' 'noted specially good points' in this or that work.

27. freundlich, as applied to a room, 'bright,' 'cheerful.'

28. Stäbchen, 'straight mouldings.'

PAGE 19.

1. wenden means here 'to pay attention.' Observe the subjunctives solle and unterlaufe used in quoting an opinion. So also below sei, beilege, werde.

bei deren Schätzung sehr viel Vorurtheil mit unterlaufe, 'in the estimation of which much prejudice slipped in unawares.'

4. beschaffen, 'constituted:' es ist so beschaffen, 'the case is so.'

7. For the order of the words compare 17. 22. The more strictly correct order would be hervorgebracht werden könnten.

9. bestätigen (lit. 'to steady') = befestigen, bestärken.

15. es ist mir nicht bange, 'I am not afraid.' So also the verb bangen, es bangt mir, ich bange um ihn.

16. gewönnen, 'would gain.'

18. Instead of the phrase employed by Goethe: man schritt .... mit Vollendung der übrigen Zimmer...weiter, a modern author would probably say fuhr mit der Vollendung....fort.

21. Spiegelscheiben, 'panes of plate-glass.'

22. trugen das Ihrige bei, 'contributed their share.'

23. The adv. zunächst indicates the immediate, and hence the chief cause of the want of light, 'principally.'

wegen meist runder Fensterscheiben = weil die Fensterscheiben meist rund gewesen waren.

27. Genauigkeit = Sorgfalt, genaue Arbeit, 'accuracy.'

29. denken. It would be more common to say sich (dat.) denken.

31. Weltereigniß (a compound probably first formed by Goethe) means an event of world-wide interest and importance.

PAGE 20.

1. Instead of im Tiefsten we should more usually say aufs Tiefste.

4. die in Frieden und Ruhe schon eingewohnte Welt; 'the world which had by this time grown accustomed to rest and peace.' Friede and Ruhe are often used together.

5. Residenz always means in German the seat of a prince's court, a capital, e. g. Darmstadt ist die Residenz des Großherzogs von Hessen. Hence also Residenzstadt, often combined with Hauptstadt ('capital') as die Haupt- und Residenzstadt Dresden.

6. ungewarnt = ohne eine vorhergegangene Warnung.

8. zusammenschlagen, here intrans.: 'are dashed together.'

9. darüber her (sc. stürzen), 'come tumbling over.'

10. The more familiar arrangement would be wird zum Theil.

11. meldet sich, lit., 'announces itself,' i. e. 'makes its appearance.'

12. The statement is exaggerated; according to Voltaire in his *Précis du siècle de Louis XV.* (chap. xxxi): 'il y périt près de 30,000 personnes;' but in his *Art de vérifier les dates* he states the number as low as 15,000. See also Lord Mahon's *History of England*, chap. xxxii.

16. fortwüthen, 'to continue raging.' In this way are formed a considerable number of compound verbs with fort, e.g. fortbrennen, fortleuchten, fortgehen, fortlesen etc.

17. The words directly subjoined serve to explain that the expression sonst verborgen means here 'kept out of sight' by imprisonment.

20. bloßgestellt = ausgesetzt, preisgegeben, 'exposed.'

21. behauptet ihre schrankenlose Willkür (cf. 8. 24), 'asserts her boundless caprice.'

23. Andeutungen, 'indications.'

27. Innehalten, 'cessation,' the inf. of the verb used as substantive. Alexander v. Humboldt says in his *Kosmos* (vol. I. p. 217): 'The great earthquake which destroyed Lisbon in 1755 was felt in the Alps, on the Swedish coast, in the Antilles, the great lakes of Canada, as well as in Thuringia, and in the plains of the north of Germany, in small inland waters of the Baltic plain. The springs of Teplitz disappeared for a time. Distant springs were interrupted in their flow.—It has been calculated that on Nov. 1, 1755, a space of the earth four times as large as the surface of Europe was shaken.'

30. ließen es nicht fehlen an...'let there be no want of,' 'were not behindhand with,' &c.   Cf. 39. 23, 57. 5.

PAGE 21.

7.   It would be more correct to say immer mehr und immer umständlichere Nachrichten.—mehrere properly means 'several,' mehr 'more.'

10.   The impression produced on the boy Goethe by the earthquake and the widespread disasters which it occasioned was very profound, and filled his mind with doubts and questionings.   He found it hard to reconcile such wholesale destruction with the goodness of Providence in which he had been taught to believe.   Hence his reference to the zornigen Gott of the Old Testament (line 12).

13.   unversehens, 'suddenly'= ohne daß man sich dessen versehen hätte. The expression is very common.

14.   schlug...zusammen, 'smashed to pieces;' here transitive. Cf. 20. 8.

15.   Abend is more dignified than Westen.   In the same way, Morgen is used for Osten, Mittag for Süden, Mitternacht for Norden.

16.   We say more commonly unter Donner und Blitz, or Donnern und Blitzen (the infinitives used as subst.).

17.   The common modern form of the plural is die Möbel (like the sing.), not die Möbeln.

schätzbare = kostbare.   Directly afterwards werthe = werthvolle.

19.   das ganz außer sich gesetzte Hausgesinde, 'the servants quite beside themselves' with fright.   A more usual phrase would be außer sich gebracht or gerathen.   Gesinde, lit. 'a body of attendants,' is derived from the Old High-German *sind*, a journey: hence M.H.G. *gesint*, 'a companion on a journey,' 'an attendant.'

22.   sich fassen, 'to compose one's mind;' gefaßt sein, 'to be calm,' 'composed.'

23.   Fensterflügel denotes the two halves of a window, which are made to open on hinges like folding-doors.   'English' windows are but rarely seen in Germany.   Compare Thürflügel.

aufriß, 'tore open;' aushob, 'lifted off their hinges.'

25.   Regenguß, 'torrent of rain.'   (Es gießt vom Himmel, 'the rain comes down in torrents.')

26.   nach endlicher Erholung = als man sich endlich (von dem Schrecken) erholt hatte.

29.   die Folge, 'sequence,' denoting a methodical and connected series, is a favourite word of Goethe's; comp. 3. 21.

31. einmal (or still more emphatically, nun einmal) may be translated 'once for all;' it expresses the fixed and constant purpose which cannot be shaken. vorgenommen (sc. hatte).

PAGE 22.

1. Coburg, the capital of the Duchy of Saxe-Coburg in Thuringia, a charmingly situated place. Goethe's father was entered in the books of the Coburg School in 1725, in his fourteenth year. The term Gymnasium is applied to a school which prepares its students for the Universities, what we should call a first-grade classical school.

5. sich eines Studiums befleißen is the technical and official phrase for pursuing a certain branch of study. Rechtswissenschaft, 'jurisprudence.'

6. promoviren, 'to take a degree.'

7. The full title of the dissertation was *Electa de aditione hereditatis ex jure Romano et patrio illustrata*, i.e. ' selected points concerning entering upon an inheritance illustrated from Roman and German law.'

8. Rechtslehrer, 'a teacher of law;' Rechtsgelehrter, 'a jurist.' anführen, '*to adduce*,' 'to cite.'

9. ein frommer Wunsch frequently denotes a wish laudable in itself, but not likely to be realised.

10. es geht mir etwas ab, 'I am wanting in something.'
realisirt = verwirklicht.

11. The form ungefähr is more common in modern German. so ohngefähr als wenn, 'much (or almost) as if.'

12. nutzen, 'put to use' (very common in the compounds ausnutzen and abnutzen); nützen, to be of use (with the dat.).

13. in Gewißheit einer treuen Ausdauer, lit. 'in the certainty of an unfailing power of endurance;' 'in certainty that he could rely on his own perseverance.'

17. eigentliche Lehrmeister, 'actual, professional teachers.'

20. bequemer and weiter are adverbs.

22. unsäglich, like Eng. 'indescribable' in the sense of 'immense.'
Anhaltsamkeit, 'persistent application,' seems to be a word of Goethe's coinage; Grimm quotes a number of passages in which he uses it, most of them from the Autobiography. Compare the phrase einen zu etwas anhalten, to *keep* a person *at* a thing, 4. 19; 6. 19.

24. It is, perhaps, more usual to say in Ernst und Scherz.
mit meinen Anlagen, 'if he had possessed my abilities.' See 42. 21 *n.*

26. lieberlich is the correct spelling, not lüberlich. The word means

'slight, elegant,' in Middle High-German, but has long since lost that sense; it now means only 'frivolous, loose, dissolute.'

mit einer Sache wirthschaften (or haushalten), a very idiomatic phrase, which is more frequently used with an adverb denoting careless, than with one expressing good management. So lieberlich bamit gewirthschaftet, made such a frivolous use of them. We should now write wirtschaften.

27. Ergreifen is 'apprehension;' Verarbeiten denotes the full 'working out' of the subject; Festhalten (more emphatic than Behalten) means 'accurate retention.'

30. begründet, 'well-grounded.' gewesen wäre is an instance of the subjunctive of modest statement; it is less positive than gewesen war. Some such conditional clause as 'if that were possible' is implied.

PAGE 23.

2. aufheben (lit. 'to lift up') is often used of abrogating a law (ein Gesetz aufheben = abschaffen). It is also sometimes used intransitively mit Jemandem aufheben, 'to cease to have any dealings with a person,' bie Freundschaft or ben Verkehr being understood.

3. ber gereimte angehende Lateiner is Cellarius's (Keller) *Latinitatis liber memorialis*, a school-book published at Berlin in 1724, much used in the 18th century. The traces of the 'rhymes' of this book may still be found in the current Latin grammars of Germany. Wäre nicht... gewesen 'if there had not been,' or, as we say, 'if it had not been for. ber angehende Lateiner, 'the commencing Latinist,' 'the Latin Beginner.' We should call such a book 'A Latin Primer.'

6. Gebächtnißverse, 'memorial verses.'

9. Ober-Jssel is a province of the Netherlands.

11. Sprachwendungen are '*turns* of phrase' (not inflections, as Mr Oxenford has it), i.e. idiomatic modes of expression. cf. 55. 11

13. Eine Chrie (from the Greek χρεία) is a rhetorical scheme of treating a subject in an exhaustive manner (*Quis, quid, cur, contra, simile et paradigmata, testes*).

bergleichen, 'the like,' see 41. 6 *note*.

14. etwas Jemandem zuvorthun, 'to surpass a person in something.'

15. Aufsätze, 'compositions.' aufsetzen 'to *set up*,' 'compose.'

19. bie Schwester, Goethe's sister Cornelia.

22. über bas Buch weg, pretending to study his book, but really listening to something else.

23. Abweichung, 'deviation,' 'variety,' from the verb weichen, 'to recede.' Thus we say, bies weicht von ber Regel ab; 'this is an exception to the rule.' Italian struck him as merely a pleasing variation from Latin.

24. behende, M.H.G. *behende*, 'at hand,' hence 'ready,' 'quick,' here as adverb, 'readily.'

25. Frühzeitigkeiten is an unusual plural = Fälle (Beispiele) einer früh-zeitigen Entwickelung, 'precocities.'

in Absicht auf = in Bezug auf.

26. gemein = gemeinschaftlich.

27. einen frühen Ruf erlangt haben, i.e. in früher Jugend berühmt geworden sind.

28. auf Akademie gehen without the article is an unusual phrase; we say auf bie Universität, zur U. gehen, bie U. (or bie Hochschule) beziehen. Akademie is never used now for Universität. It means either (1) a highest grade School of Art or Science or (2) a University which does not possess all the 4 Faculties, Divinity, Law, Medicine, Philosophy; e.g. Münster in Westphalia, which has only the theological and philosophical faculties.

30. behalten, sc. hatte.

Jura. The plural is usual in this phrase on account of the two chief branches of law: Roman Law and Canon Law. Hence also the title *doctor utriusque iuris*, Doctor of Laws, LL.D. gleichfalls = *likewise*.

PAGE 24.

1. promoviren, cf. 22. 6.
4. Leibwesen, lit. 'sorrowful state,' 'sorrow,' 'regret.'
5. biese, sc. Universität, i.e. Göttingen.
7. Wetzlar (on the river Lahn) was at that time the seat of the Reichskammergericht. Goethe subsequently spent some months at Wetzlar, where he found the subject of his *Sorrows of Werther*.

Regensburg, Ratisbon, was the seat of the permanent Diet of the German Empire.

8. nicht weniger, 'not less,' 'equally,' i.e. as a matter of equal importance.

9. ob er gleich, cf. 13. 22 *n*. The subjunctives müsse and ergetze are used because of the *oratio obliqua*.

10. voraus = im Voraus, zuerst. As one word, voraussehen means 'to foresee.'

12. Märchen, romance. Jugendgang like Lebensgang, 22. 18.

13.   in......auslief, 'ended in.'

15.   fein fonftiger Ernft unb Trockenheit. Strictly it ought to be unb feine fonftige Trockenheit, on account of the difference of gender.

17.   theil'haft (or more commonly theilhaftig) governs the genitive, like *particeps* in Latin.

19.   Privatftunben, 'private lessons.' Stunbe is the regular term for a lesson from a private tutor, as each lesson usually lasts an hour; hence the terms Stunben geben, Stunben nehmen &c.

21.   förberte mich nicht, 'did not conduce to my progress.' Cf. 30. 2 *n*. Schlenbrian (from fchlenbern, 'to saunter,') (1) 'a well-worn track,' (2) 'a lounger.' gingen ihren Schlenbrian, 'jogged along in their usual humdrum fashion.'

24.   kärglich (fr. karg, 'niggardly'), 'scanty.'

26.   probuciren is used here like the Eng. '*produce*,' meaning 'to bring forward, exhibit.' It more usually means 'to bring forth.'

28.   in Unruh fetzte: more commonly in Unruhe verfetzte. Cf. also Urfach for Urfache, 17. 9 *n*.

30.   Mitwerber, 'competitors,' 'rivals,' fr. werben, 'to sue,' 'apply.' The term Mitbewerber is more usual.

31.   fich nicht weniger bünkten, lit. 'seemed to themselves no less;' 'thought just as much of themselves.' Other phrases of the same meaning are fich nicht geringer vorkamen; fich nicht weniger einbilbeten. bünkte is the later preterite of bünken, the earlier strong forms of the preterite and past part. being bäuchte and gebaucht (earlier still bauchte, gebaucht, answering to M.H.G. *dûhte, gedûht* from *dunken*). Mich bünkt exactly corresponds to Eng. *methinks*, which means 'it seems to me,' fr. Old Eng. *þyncan* 'to seem.'

PAGE 25.

1.   bebenklich, 'serious,' 'disquieting.' Bebenken, 'scruple.'

3.   gewogen, '*inclined*,' 'favourably disposed,' p. p. of wiegen, 'to weigh,' 'balance.' The metaphor is from the tongue of a balance *inclining* to one side.

feine Reime fich (dat.) machen ließ, 'had his rimes made for him.'

5.   er habe=baß er hatte.

9.   es fällt mir (fchwer) aufs Herz is a colloquial phrase; lit. 'it oppresses my heart,' 'it weighs upon my mind.'

10.   befänbe, the subj. is used because of the uncertainty.

12.   The usual rule is to use wie with a positive, and als with a comparative. Es kommt mir fo vor (sc. ben Sinn), 'it appears so to me.'

14. Kennzeichen, i.e. ein Zeichen, woran man eine Sache erkennt; a good German rendering of the Greek *criterion* (κριτήριον).

15. Hervorbringungen is a German expression instead of the more usual foreign term, die Productionen.

18. aufmerksam geworden (sc. waren).

aus dem Stegreif may be translated 'on the *spur* of the moment.'

der Stegreif means 'the stirrup,' and the phrase thus means 'without getting out of the stirrup.' It often means *impromptu, ex tempore.*

19. gut bestand, 'stood the test well,' 'acquitted myself well.' Compare the phrase eine Prüfung bestehen 'to pass an examination.'

davontrug, 'carried off *from* the trial.'

20. der = jener. It should therefore be pronounced with greater emphasis than the article.

24. 'Orbis sensualium pictus, von Joh. Amos Comenius. Hoc est, omnium fundamentalium in mundo rerum et in vita actionum pictura et nomenclatura.' Nuremberg, 1658. Comenius's original name was Komensky. His work has been frequently imitated and modernised, and is in one guise or other still in the hands of many children.

25. Merian (Matthew) published in the seventeenth century many volumes of topographical engravings, works on geography, and collections of plates in sacred history.

26. 'Jo. Ludovici Gottfridi historische Chronica, Oder Beschreibung der Fürnemsten Geschichten, so sich von Anfang der Welt, biß auff unsere Zeiten zugetragen: Nach Außtheilung der vier Monarchien, und beigefügter Jahrrechnung, auffs fleissigste in Ordnung gebracht, und in Acht Theile abgetheilet; mit viel schönen Contrafaicturen und Geschichtmäßigen Kupfferstücken, zur Anweisung der Historien gezieret, an Tag gegeben und verlegt, durch Mathaeum Merianum. Gedruckt zu Frankfurt am Mayn, In Wolffgang Hoffmannes Buchdruckerei. Im Jahr nach Christi Geburt, M.DC.XXXXII.' fol.

28. Peter Lauremberg's *Acerra philologica,* i.e. 200 auserlesene, nützliche, lustige und denkwürdige Historien und Discurse aus den berühmtesten griechischen und lateinischen Scribenten zusammengebracht. Rostock, 1633. In the later editions the number of tales was increased to 700. There is also an *Acerra philologica* by Ursinus, and the new *Acerra phil.* by Boysen, Halle, 1715—1723, 2 vols. *Acerra* means 'a censer' or 'thurible.'

29. that...hinzu, 'contributed.' The plur. Mythologien in the sense of 'mythological fables' is rather unusual.

30. die Ovidischen Verwandlungen, Ovid's *Metamorphoses.*

PAGE 26.

4. There is also the compound Langeweile, with the same meaning. immerfort = fortwährend.

6. wieder hervorbringen, 'to reproduce.' **v.** Loeper appropriately quotes a passage in *Wilhelm Meisters Lehrjahre* Book VIII. ch. 6, in which the library in an old castle is described as containing eine Bibel in Folio, Gottfried's Chronik, zwei Bände Theatrum Europaeum, die Acerra philologica, Gryphii Schriften, und noch einige minder wichtige Bücher.

7. mitunter = bisweilen, hin und wieder, 'occasionally,' lit. amongst others. Cf. 7. 25.

8. gefährlich, 'morally dangerous.' Alterthümlichkeiten; the more usual term is Antiquitäten or Alterthümer.

9. Fénelon (1651—1715), archbishop of Cambray, the famous author of the didactic romance entitled *Les Aventures de Télémaque*, which was first published in 1669. Neukirch's translation of this work is in verse (3 vols. Ansbach 1727—39).

12. Daniel Defoe's *Robinson Crusoe* was first published in 1714—one of the most widely read of novels. It appeared in a German translation not long afterwards, and was, moreover, imitated in a great many similar novels (Robinsonaden). One of these was Die Insel Felsenburg, d. i. Wunderliche Fata einiger Seefahrer, absonderlich Alberti Julii, eines gebornen Sachsen, entworfen von Eberhard Julio, dem Druck übergeben von Gisandern. Nordhausen, 1731—43.

14. Lord George Anson left England about the middle of September, 1740, with a fleet of five ships, doubled Cape Horn in March, 1741, arrived off Juan Fernandez in June, stayed about the coast of America till May, 1742, crossed the Southern Ocean with only one ship (the *Centurion*), sailed to China and stayed there until the beginning of 1743, then cruised near the Philippine Islands, and set sail for England in December, 1743; on the 15th of June, 1744, he arrived at Spithead. Lord Anson's *Voyage round the World* came out in 1748, being the work of the chaplain of the *Centurion*, the Rev. R. Walter, and of Benjamin Robins; four large impressions were sold off in a twelvemonth. This work was translated into most European languages, but no German translation has hitherto been discovered anterior to that by Stolpe, Göttingen, 1763. If Goethe actually read this work before his tenth year, there surely must have existed some earlier translation. Otherwise his memory must be at fault here. (See also Voltaire, *Précis du siècle de Louis XV.*, chap. xxvii.)

17. mit ben Gebanken = in unſeren Gebanken. Cf. 3. 23 *n.*

The adj. all is often added to Welt; compare also the very idiomatic phrase: Was in aller Welt thuſt bu ba? 'What on earth arc you doing there?'

20. Familienſpazierfaȟrt, 'family excursion.'

21. verbrießlich, here active, 'annoying,' 'vexatious.' Cf. 45. 25 *n.*

24. The more usual form is Jaȟreszeit (trisyllabic).

bas Frühleben = bas Jugenbleben, bie Kinbȟeit, a word peculiar to Goethe, and quoted by Grimm only from the present passage.

26. Seckel, dim of Sack, 'bag.' This is one of those popular tales current among the people even in our own time. It was also hawked about in England as a chap-book.

Mißbeȟagen, '*malaise,*' ' indisposition.'

27. Pocken, *fem. pl.*, 'small-pox.'

28. Einimpfung, 'inoculation.' Lady Mary Wortley Montague first (in 1717) made known in Europe the precautionary process of 'ingraft-ing' small-pox (her own expression) as she had seen it practised in the East; see Lord Wharncliffe's edition of her *Letters and Works*, vol. I. p. 308. impfen = oculiren (30. 6), to ingraft.

29. problematiſch, 'problematical,' i.e. 'doubtful,' a method, the efficacy of which had not been clearly proved. ('Vaccination' was not employed by Dr Jenner before 1796.)

30. faßlich, 'intelligibly,' ' comprehensibly;' compare er faßt eine Sache ſeȟr ſchnell auf, ' he grasps a thing very quickly.' empfoȟlen, sc. ȟatten.

PAGE 27.

1. vorgreifen means to anticipate, forestall—as if the spontaneous action of Nature were forestalled by artificially producing an illness.

2. Instead of bas feſte Lanb, we also have the compound, bas Feſtlanb, 'the continent.'

gegen frequently denotes the price given in exchange for some service, e.g. gegen eine Vergütung will ich es ſchon thun, in which sentence we might also employ the prepos. für.

4. woȟlȟabenb, 'well to do,' and so willing to pay the large fee which they demanded.

9. mannigfaltig, 'in a variety of cases.'

betraf, 'struck.' In this sense we generally use the simple verb treffen, e.g. in the familiar phrase, mich ȟat ein ſchweres Unglück getroffen. —Es betraf unſer Haus might also mean ' it concerned our house.'

11. Blatter, *f.* ' a pustule,' akin to Eng. *bladder.*

13. bie möglichfte, 'the utmost possible.'

14. The German phrase is exactly like the Latin, Ter. *Phorm.* 68, *modo non montis auri pollicens.* In French it is *promettre monts et merveilles.*

16. es, i.e. nicht zu reiben unb kratzen.

17. herrschenbem, just like Eng. 'prevailing,' '*dominant.*' schärfen = vermehren, steigern.

18. traurig is adv., = nachbem eine Zeit in trauriger Weise verflossen war.

19. fiel es, 'there fell.'

20. zurückgelaffen, sc. hätten.

21. bie Bilbung, 'the modelling of the face,' 'the features.'

25. eine sehr lebhafte Tante, cf. 31. 12. This was Goethe's mother's sister, Johanna Maria, b. 1734, m. 1751 to the grocer and druggist, Melber. See 31. 1 *n.* She lived until 1823, and remained on affectionate terms with her nephew to the last.

26. Abgötterei, 'idolatry,' from ber Abgott, 'false god,' 'idol,' lit. 'one away, or apart from (the true) God.' Abgötterei mit Jemanb treiben = 'to idolize.'

28. Vetter, here, = Neffe, 'nephew.' It now usually means 'cousin.' Properly it means 'a relation on the father's side,' and its oldest signification is 'father's brother,' 'uncle.' Compare the terms Muhme, Base, 'aunt,' 'cousin,' which are frequently interchanged.

garstig is a colloquial word, very common in the Frankfurt dialect; it means the same as häßlich. The pronoun Er is nowadays only employed in addressing persons of very inferior station.

30. umhergetragen, sc. hatte.

PAGE 28.

1. für etwas empfinblich büßen, 'to suffer painfully for.' Cf. 66. 30 *n.*

3. Masern, *fem. pl.*, 'measles.' Maser is origmally a spot or knot in wood, as in maple, hence, Maserholz, speckled wood.

Winbblattern, or Winbpocken, *f. pl.*, chicken-pox.

4. Quälgeist, 'a tormenting spirit.'

5. versichern, 'to assure,' takes both the dative and the accus. With the accus. it also has the sense of *in*suring.

9. Familienleiben, 'family trouble.' The word is also used ot an hereditary disease affecting a family.

13. eigensinnig, 'capricious,' 'peculiar.'

hatten niemals ein eigentliches Verhältniß zusammen, 'never became really friends.' This brother was called Hermann Jacob; he died at the age of six years and six weeks, and was buried on Jan. 13, 1759.

15. nachgebornen means here 'born after the writer.'

16. v. Loeper remarks that the time of the Seven Years' War (1756—1763) was a very unhealthy one for Frankfurt in consequence of the town being crowded with soldiers.

17. The sister here alluded to was probably Johanna Maria, born 1757, died 1759. sie is used in accordance with the natural sex, though grammatically it ought to be das.

19. meine Schwester, i.e. Cornelia, see I. 13 *n.*

25. einbringen = einholen, 'make up for.'

die Genesenden = uns bei unserer Genesung, or wenn wir kaum genesen waren.

PAGE 29.

The Große Friedberger Gasse in which Goethe's grandfather lived leads northwards from the east end of the Zeil. It is in a line with the Fahrgasse leading to the Alte Brücke. We may notice the idiomatic use of auf instead of in. So it is usual to say auf der Zeil, but in der Fahrgasse.

3. Zinnen, 'battlements;' probably akin to Zinke (49. 10).

4. The author has varied the construction in order to avoid commencing the sentence with wenn like the last.

5. endlich appears to be used in its primitive sense, = am Ende; reaching the end of that narrow passage you would get into a court.

6. ungleich, 'uneven,' 'irregular.' The buildings were of different height and architecture, not designed to harmonize with each other.

8. ansehnlich is an adverb, 'to a considerable length as well as breadth.'

9. We also say, der Garten ist gut gehalten.

10. das Rebgeländer (a collective noun), 'vine trellises.' v. Loeper quotes from a poem Herbstgefühl (Goethe's *Works*, Hempel's edition, vol. I. p. 54):

Fetter grüne, du Laub,
Am Rebengeländer
Hier mein Fenster herauf!

13. die Rabatten is still a common expression of gardeners, denoting small beds on either side of the footpath, Fr. *plate-bandes*, 'borders.'

14. gegen Mittag gerichtete, 'facing south,' cf. 21. 15.

15. genützt: perhaps more commonly benützt, or verwandt.

16. den Sommer über, cf. den Tag über, 12. 8.

18. Genäschigkeit is not the common term, but rather Naschhaftigkeit.

19. der entgegengesetzten, sc. Seite.

20. For unabsehbar, see note on 3. 11.

Johannisbeere, 'currant,' so called, probably, because they are ripe about S. John Baptist's (Midsummer) Day.

Stachelbeere, 'gooseberry,' because of its prickles (Stacheln).

22. uns, 'to us,' 'in our estimation.'

25. Das Revier is a peculiar adaptation of the French *la rivière* (Ital. *riviera*), which means the 'river-side,' but has in German passed into the general sense of 'district,' and in a limited acceptation 'a hunting-district.' The word belongs to the earliest importations from the Romance languages, seeing that it is in M.H.G. *die riviere.*

26. behagliche Geschäftigkeit is a phrase in Goethe's most characteristic style. behaglich, 'comfortable,' suggests the idea of leisurely work, while Geschäftigkeit, 'activity,' implies at least some bustling. An ordinary writer would probably have said in behaglicher Beschäftigung.

30. einen schönen Nelkenflor, 'a fine show of pinks in bloom.'

31. sich verdrießen lassen, 'to allow to vex oneself,' 'to grudge.'

PAGE 30.

1. fächerartig = nach Art der Fächer, spread out like a fan.

2. Wachsthum, 'growth,' is more commonly used as a neuter, as Goethe himself has it in other passages. bequemen, 'satisfactory.'

befördern, 'to promote,' fr. the comparative adv. förder, '*further.*'

3. Das Sortiren der Zwiebeln, 'the sorting of the bulbs of tulips, hyacinths and kindred plants.' Zwiebel (fr. Lat. *caepulla*, whence Ζιπο'λλε, a small onion), (1) any bulb, (2) esp. an onion. The various bulbs might easily be mixed up by an unskilled person.

4. verwandter Gewächse, genitive after Zwiebeln. The construction might also have been continued in accordance with the preceding nouns: von verwandten Gewächsen.

6. oculiren, to *inoculate*, 'to ingraft,' 'to bud,' der. from Lat. *oculus*, 'an eye,' 'a bud.' das Oculiren, 'the budding.'

9. in Triplo (Latin), 'three pairs at a time,' a pair being presented by each of the three towns, Worms, Nürnberg and Bamberg, 15. 12.

11. Talar, *m.*, fr. Lat. *talaris* sc. *tunica*, a robe reaching to the ankles (*talus*).

13. Alcinous, the king of the Phaeacians, and Laertes, the father of Ulysses—both well known from Homer's *Odyssey.* In the 24th book of that poem, Ulysses goes to visit his old father, who has retired to

a suburban estate, and finds him busily engaged tending his garden, with *gloves* on his hands (χειρῖδας τ' ἐπὶ χερσὶ βάτων ἕνεκα, ω. 230).

16.   alš.   More correctly wie.

17.   die Regiſtrande ſeiner Proponenden, the register, or list of the business which he *proposed* to do each day, 'registrum eorum quae sibi agenda proponebat'). Proponenden is the plural of Proponendum.

18.   die Acten are the records of the day's proceedings.

20.   nidte, 'he nodded,' 'he had a short nap.'

Großſtuhl is used in the sense of Großvaterſtuhl.

30.   gegeben hätte, 'could have given.'

PAGE 31.

1.   Materialienhändler, a grocer and druggist.   This is in Germany quite distinct from a chemist or apothecary.   An Apotheker must have studied at a University, and is admitted to the practice of his profession by the State, while ein Materialienhändler has no scientific training or qualification, but merely keeps a drug-store.   The shop which Herr Melber had is No. 28 Markt and now (1890) bears the name of 'H. Mettenheimer, Materialwaaren und Farbwaaren.'

3.   gedrängteſt = wo das größte Gedränge war, 'most crowded.'

5.   uns belongs to verlieren and ſcheuen is used for ſich ſcheuen.   Sich verlieren means 'to lose one's self, one's way,' cf. 8. 27.   Scheuen is not commonly used nowadays instead of ſich ſcheuen.   v. Loeper quotes from Goethe's Sprüche, no. 583: ein oft verſengter Greis ſcheut ſich zu wärmen, in which sentence ſich belongs to wärmen.

6.   vergnüglich is less common than vergnügt.

8.   Süßholz, 'licorice' (*glycyrrhiza*, 'sweet root').   It is also called die Lakritze.

9.   Zeltlein is a small round cake; der Zelte is still used in Bavaria, and appears also in Middle High German.   The origin of the word is unknown.   Kluge derives both this word and Zelt, 'a tent,' from a Germ. root *teld*, to spread out, so that Zelte means a *flat* cake.

11.   aus- und einfließen is a peculiar phrase for the outgoing and in-coming of articles of sale.

15.   geſiel ſich, 'was quite happy.'   ſich gefallen, lit. 'to please oneself,' 'to be well satisfied.'   Cf. 41. 3.   This is no doubt originally a Gallicism.   Compare *se plaire*.

16.   verſäumt, 'neglected.'   ſäumen is to 'linger;' verſäumen, orig. 'to lose by lingering,' 'to let slip.'

ſich annehmen with gen. 'to take charge of.'

17. eine gute (=geraume) Weile, 'a considerable time.'

18. getrieben, sc. hat. es treiben means 'to act,' 'to carry on.' Cf. 11. 22. Compare Goethe's lines (Sprüche in Reimen):

> Du treibst mir's gar zu toll,
> Ich fürcht', es breche!

and in his song entitled Beherzigung,

> Sehe jeder wie er's treibe.

21. man erzählte sich, lit. 'people told one another,' 'the story went.'

22. eine gute Partie, here 'a good deal.' habe must be understood after gehabt and beschaut.

23. einer=irgend Jemand. ihr is dat. of interest, and would in English remain untranslated here. dagegen, 'against her hand.'

25. ich weiß mir viel mit etwas, 'I pride myself on something.'

26. Charles VII. (Duke and Elector of Bavaria) was elected German Emperor in 1742; he died 1745.

28. ein Prallstein, a corner-stone (Eckstein), a stone to keep carriages from striking the corner and from which, if they strike it, they may rebound (prallen). Cf. abprallen 65. 7. v. Loeper remarks that such stones are in Frankfurt called Schutzsteine or Abweissteine.

30. gar=sehr is colloquial. Cf. 2. 6.

Page 32.

2. sind ihr . . . schuldig geworden, 'are indebted to her for.'

6. seiner Gesinnung und seinem Stande gemäß, 'in accordance with his inclination and calling.'

13. Goethe apparently means to say im Sinne des französischen Theaters. The characters of Homer's poems were doubtless represented in the costume of the age of Louis XIV.

14. dermaßen, 'to such a degree' (Maß, 'measure'). It is orig. a gen. plur. Comp. gewissermaßen, einigermaßen. Cf. 6. 2.

16. sich etwas vergegenwärtigen = sich etwas lebhaft als gegenwärtig vorstellen.

17. etwas an einer Sache aussetzen, 'to take exception to,' 'to find fault with some point in a thing.'

18. The subjunctives gebe and endige are used because it is an indirect quotation.

19. stumpf, 'abruptly.' It means lit. 'docked,' 'maimed.'

20. verwies mich auf, 'referred me to.'

21. Einem Genüge thun = genügen, 'satisfy.'

Zweites Buch.

Aug. 1756 to Jan. 1759.

Page 33.

1. vortragen 'to bring forward' is a more stately and dignified expression than erzählen or berichten.

7. Here wohl is really the adverb of gut, while two lines before it was used in the sense of 'probably.'

Handel und Wandel, lit. 'business and life,' is an almost proverbial expression, denoting active commercial pursuits. It belongs to the numerous class of riming phrases like Schutz und Trutz, schalten und walten, langen und bangen, &c.

8. We might also say Fremde finden, daß es ihr Gewinn ist (ihnen Gewinn bringt), da aus- und einzugehen.

10. beherrschen solche Städte auch = wenn auch (although) solche Städte kein weites Gebiet beherrschen.

11. Wohlhabigkeit is now a somewhat antiquated word = Wohlstand.

13. kostspielig is a word of late (18th century) formation, from kost, expense, and an old word spildig, wasteful, spilden, to waste, akin to Eng. '*spill.*'

The plural die Theilnahmen is not used now, but occurs in other places in Goethe and Schiller.

18. jener weltbekannte Krieg, the Seven Years' War (1756—1763), in which Prussia, with some assistance from England, maintained her independence against the combined forces of Austria, Saxony, France, and (until 1762) Russia.

22. vorgängig = vorhergehend, 'previous.'

Manifest. In English we use the Italian form *manifesto.*

Page 34.

2. ungeheuer is a strong word, 'monstrous' or 'atrocious;' to invade a country without a previous declaration of war was a flagrant violation of all established laws and rights. Frederick justified it by the vital necessity to him of keeping Saxony out of the hands of his powerful enemies.

3. berechtigt, sc. hatten. The world was called upon to be not merely the spectator, but also the judge of this proceeding.

8. Franz I. (of Lorraine), husband of Maria Theresa of Austria,

was recognised as German Emperor after the death of Charles VII., and reigned from 1745 till 1765.

Himmel is sometimes used to denote a canopy, e.g. ein Himmelbett, 'a canopy-bed.' In the present passage, Krönungshimmel serves as a German rendering of the foreign word Baldachin, a canopy borne over the head of the emperor at his coronation.

9. gewichtig is here used in its first sense, 'weighty' = schwer wiegend; it is, however, more frequently found in its metaphoric application as denoting something or somebody of weight, i.e. importance.

13. gemüthlich here = in seinem Gemüthe, 'heartily,' 'sincerely;' the word most commonly means 'easy-tempered,' 'good-humoured.'

17. Verschwägerten, 'families connected by marriage.'

18. Mißhelligkeiten = Zerwürfnisse, Streitigkeiten.

19. sich überwerfen, 'to quarrel.'

21. bequem, of persons, 'easy-going,' 'good-tempered,' a favourite word with Goethe, cf. 30. 2, 42. 14.

22. tüschen or tuschen is an old word meaning to quiet, allay, suppress; in Middle High-German it is *tützen;* compare the English interjection *tush,* which means 'be quiet!' 'don't speak of it.'

23. We also say von etwas wegbleiben.

24. For the construction sich einer Sache freuen cf. Brandt, *Germ. Gr.* § 185.

25. jene leidenschaftliche Tante, i.e. Frau Melber. Cf. 27. 25, 31. 12.

26. alles = jedes.

28. The usual expression is der Rest des Jahres.

Agitation is here employed like Erregung in a passive sense, just as we say in English, 'a state of continued agitation' (i.e. of being agitated); in German the active sense is, however, more common.

29. Frederick occupied Dresden (the capital of Saxony) on Sept. 9, 1756.

31. In the battle of *Lowositz* in Bohemia (October, 1756) Frederick beat the Austrian Marshal Browne, who was marching to the relief of the beleaguered Saxon army. The capitulation of the 14,000 Saxons in the camp of Pirna was the immediate result of this victory. See Carlyle, *Frederick the Great*, book XVII. ch. 6 and 7.

PAGE 35.

3. die entgegengesetzten Familienglieder. The members of the family who belonged to the opposite party (the Imperial side).

5. es setzte Händel, 'a quarrel ensued.' Cf. 37. 28. For this im-

personal use of feßen comp. such phrases as es feßt Tropfen (now out of use), 'it is beginning to rain;' es wird Schläge feßen, 'they will come to blows.' The reference is of course to the opening scenes of Shakespeare's tragedy.

8. Frißisch, a humorous formation from the popular name of Frederick: der große Friß.

10. wirken = Einfluß ausüben.

freute mich unserer Siege, 'rejoiced over our victories.'

dem = meinem, so below line 23 die = meine.

11. schrieb...ab, 'copied out.'

12. platt in the same sense as *plat* in French (*un plat sujet*), 'dull,' 'tame.'

14. Pathe, here 'godson,' usually 'godfather,' fr. Latin *pater*.

15. speisen should here be taken in the limited sense of 'dining.'

16. It would perhaps be more usual to say in der ganzen Woche.

17. Observe the idiomatic use of wollen.

21. abnehmen, 'to go off,' 'to decline,' 'diminish.'

22. unterließ es, i.e. gave up speaking of what he heard at his grandfather's.

24. auf mich selbst zurückgewiesen, 'thrown back upon myself,' 'left to my own reflexions.'

26. augenfällig, 'obvious.' Cf. 10. 24.

27. angefeindet, 'assailed,' 'maligned.'

Page 36.

1. doch, 'after all,' notwithstanding their unjust treatment of Frederick.

2. Oheime. These were his mother's brother, Johann Jost Textor, a Frankfurt senator, and his uncle by marriage, Pfarrer Starck.

zu halten hatte, 'was compelled to regard.'

3. daß es Parteien geben könne, 'that there could be such things as factions.'

4. um so viel mehr . . . da, 'all the more to be in the right and to be entitled to declare his view to be the better of the two, because' &c.

6. die Gleichgesinnten, 'those of the same opinion (mind) with him.'

8. ich lasse etwas gelten, 'I allow a thing to have its full value,' 'fully admit.'

9. Einem etwas verargen, 'to grudge one something.' (Compare the verb, sich über etwas ärgern. Both are derived from the adj. arg, from which also we get der Aerger and das Aergerniß.)

Daun was a very able general, though he is here contemptuously styled eine Schlafmüße, 'a sleepy old fellow.' On June 18, 1757, Daun obtained a splendid victory over Frederick in the battle of *Collin*, but on Dec. 5 of the same year the Prussian king revenged himself in the battle of *Leuthen*.

16. bei einer Theilnahme = wenn Frankreich an dem Kriege Theil nähme.

17. der Kriegsschauplaß thut sich auf is a phrase clearly derived from a scene on the stage (Schaubühne) which *opens* to the view.

21. Puppenspiel. See above, 4. 29.

dergestalt, 'in such a form,' an adverbial formed like dermaßen (32. 14) from the genitive of the def. article and a substantive.

28. This is a colloquial phrase; es steckt in ihm, 'it is implanted in him,' is in his nature and cannot be got out of him.

31. allenfalls, 'in any case,' 'in any emergency.' This again is originally a genitive case used adverbially, the adj. taking here the weak inflexion. allesfalls also occurs, but is rare. On the other hand we always say keineswegs (cf. 38. 8, 66. 26) not keinenwegs.

PAGE 37.

5. Garderobe, '*wardrobe*,' 'stock of dresses.'

wagten an, 'ventured *upon*.'

7. weitläuftig, extensive. See note on p. 1. 14.

8. Zirkel und Lineal, 'compass and ruler.' mit einer Sache u'mgehen, 'to *go about* a thing,' 'to be occupied with,' 'to handle.'

10. in das Thätige verwenden is a peculiar phrase : 'to give a practical turn to,' 'to put into practice,' 'to apply.' A more familiar expression would be in die That umseßen, übertragen.

11. Papparbeiten (= Arbeiten in Pappe, pasteboard) would probably be more common than the form employed by Goethe. Cf. *Wilhelm Meisters Lehrjahre*, Bk. I. ch. 6, daß ich von Jugend auf ein Geschick gehabt hatte mit dem Zirkel umzugehen, Pappe auszuschneiden und Bilder zu illuminiren, kam mir jeßt wohl zu Statten.

13. artig, 'neat,' 'pretty,' now usually applied to children, 'well-behaved.' Cf. 38. 29.

16. beharrlich, 'constant,' 'persevering.'

17. von Profession, 'by trade;' this servant had originally been a tailor, but had given up his trade to become a footman.

Rüstkammer, 'collection of stage appliances, properties.'

20. Einem über den Kopf wachsen is an idiomatic expression denoting 'to outgrow one,' 'to become too big for him.'

23.   es bei ben Bebürfniſſen Einer Perſon bewenben laſſen, 'to rest satisfied with the requirements of a single person.'

27.   hinweiſen auf etwas, 'to point to a thing.'

29.   läßt ſich benken, 'may be imagined.'

30.   We say also zu (or bei) Einem halten, cf. 4. 23, or es mit Einem halten.

31.   Parteiwechſel, 'changing of sides.'

Page 38.

1.   Pylades, the faithful friend of Orestes.   Comp. Goethe's tragedy of *Iphigenie*.

2.   ein einzigmal.   More commonly ein einziges Mal.

5.   eine ganze Weile is a colloquial phrase: 'quite a long time.'

10.   in meinem Aeußern, 'in my outward appearance.'

11.   über etwas (or wegen einer Sache) Einen berufen, lit. 'to call some-one to account for a thing,' is a frequent expression for blaming or accusing a person.

12.   ſich (dat.) herausnehmen, 'to take out for oneself,' 'assume.'
     ob...zwar, 'although.'   zwar is often used in making an admission.

13.   ausgeſucht, lit. *'exquisite,'* 'choice,' 'excellent.'

14.   gegen, 'in comparison with.'

15.   anfechten is a more general term than angreifen; it means in general to worry and annoy.

16.   märchenhaften, 'fanciful.'   Cf. 10. 8.

19.   baß man Urſache habe, 'that *we* had cause.'   Cf. 1. 3.

20.   Vergnügungen does the duty of a plural of bas Vergnügen.

22.   ihnen, i.e. ben unvermeidlichen Uebeln.

23.   ber Leibenstroß, a new compound denoting Troß gegen Leiben.

24.   wie=ba ja, 'since.'

25.   wußte, 'knew how to,' 'found means to.'

26.   boch, 'after all,' in spite of my professed stoicism (Leibenstroß). The incident here related took place at a neighbour's house to which Goethe had gone for one of the private lessons (Privatſtunben) mentioned above 24. 19.

27.   This is a very free use of the accusative, eine Stunbe being used like ein Mal, 'one lesson-time.'

31.   mißwollenb is not a common expression, the usual term being böswillig or übel geſinnt.   Below, 41. 3, Goethe uses übelwollenb.

PAGE 39.

1. beſchämen = beſchimpfen.

2. The common phrase would be ſie hatten mich einen Augenblick im Zimmer allein gelaſſen.

5. aus dem Stegreife. Cf. 25. 18. ſetzte bei mir feſt, 'firmly resolved.'

9. ſich verrechnen, 'to *mis*calculate.' Compare ſich verhören, 'to hear wrong.' The inseparable prefix ver- often denotes something erroneous, *away from* the truth, e.g. verleiten, 'to lead astray.'

10. mit der Duldung, i.e. je mehr ich zu dulden hatte, deſto mehr wuchs meine Wuth.

11. mit dem erſten St., 'when the first stroke of the hour sounded.'

12. It would perhaps have been more correct to say ſich deſſen am Wenigſten verſah, as we usually say ſich einer Sache verſehen, 'to be on the look-out for a thing.'

14. drückte = nieder drückte, zu Boden preßte.

17. erdroſſeln, 'to *throttle*.'

18. und nicht is very emphatic here, = aber nicht.

21. eine übereilte (Wendung) von ſeiner (Seite), 'a too hasty (movement) on his (part).'

23. ließen es nicht fehlen, 'there was no lack on their part' (20. 30). Treten, 'kicking,' hence Fußtritt, 'a kick.'

26. erhub is the correct form of the imperf. of erheben, though erhob is more usual nowadays. In M.H.G. it is *erhuop*.

27. Zeter is an exclamation denoting that violence is offered to some one. Hence zetern and Zeter ſchreien, and the subst. das Zetergeſchrei, 'a loud call for help.'

28. Hausgenoſſen = Hausbewohner, 'inmates of the house.'

30. ſich (dat.) eine Sache vorbehalten, 'to reserve,' 'defer.'

PAGE 40.

2. wo nicht gar, 'if not actually.'

6. etwas belachen = über eine Sache lachen.

16. erfahre, 'may learn' how others have fared. ergangen, sc. ſei.

18. dieſes widerfahre (subj.) ihm, 'that this befals him,' i. e. that it is merely the common fate of man to suffer such things, and that there is nothing exceptionally fortunate or unfortunate in such experiences.

20. nützt ein ſolches Wiſſen nicht viel = wenn auch ein ſolches Wiſſen nicht viel nützt.

22. ſich in eine Sache finden, 'to accommodate oneself to a thing.'
Cf. 57. 1.

23. The meaning is that physical force ought only to be used in
resisting physical force, not in replying to taunts or slander.

26. Thätlichkeiten. Cf. 12. 27.

ſo ziemlich, 'pretty well.' For this use of ſo cf. 47. 10 *n.*

27. Sticheleien, 'taunts' (derived from ſtechen, as if they were sharp,
pointed words).

28. Mißreden = mißwollende (38. 31) Reden, 'malicious expressions.'
It is a rare word, probably coined by Goethe.

gewachſen, 'a match for,' lit. 'grown up to.'

31. oder, 'or else' (if I did not answer with a blow).

A more usual phrase would be, ſie regten mich zu wunderſamen Betrachtungen an.

PAGE 41.

3. daß ich mir gefiel, 'that I felt satisfaction.' Cf. 31. 15.
Verhältniß, 'situation,' 'position.'

5. der erſte unter ſeines Gleichen = *Primus inter pares.*

6. ſeines Gleichen, 'his peers.' This and similar expressions meines
Gleichen, ihres Gleichen and also deßgleichen, dergleichen all come from the use
in M.H.G. of the adj. *gelîche* as a noun with a genitive or (later) a
possessive pronoun preceding it, *sîn gelîche* 'the *like* of him' (*sîn* being
the old gen.), plur. *sîn gelîchen* (later *sîne gelîchen*), and hence (the
genitival termination *-es* being erroneously added to ſein) we get ſeines
Gleichen the '*likes* of him.' So also deßgleichen means 'the *likes* of him,'
or 'of it,' dergleichen 'the *likes* of them.'

doch, though the dignity was merely personal and did not give his
family any rank.

8. nach gehaltenem Pfeifergerichte = nachdem das Pfeifergericht abgehalten
worden war. It is like the Latin *post comitia habita.*

ſich (dat.) etwas auf eine Sache einbilden, 'to pride oneself upon a thing.'

10. gleichſam, 'as it were.' His seat was not a throne, but resembled
one (glich einem Throne).

12. The expression is of course proverbial. The peacock is often
taken as the emblem of pride, but with all his fine feathers he has very
ugly feet. Hence the term Pfauenfuß, for a blemish in a character
otherwise excellent; it is, however, of rare occurrence.

13. Gaſtgeber and Gaſthalter are antiquated expressions, instead of
which we now prefer Gaſtwirt. Friedrich Georg Goethe, the poet's

paternal grandfather, was the son of Hans Christian Goethe, a farrier at Artern in Thüringen, and was himself originally a tailor. His first wife was Anna Elizabeth Lutz, the widow of the tailor at Frankfurt, whose apprentice he had been. By her he had four children, three of whom died young. The fourth, Hermann Jakob, became a Senator of Frankfurt and died in 1761. Four years after her death he married the widow Schellhorn (cf. 2. 10 note) and turned innkeeper. He died in 1730.

14. The modern form of the plural is bie Throne, not bie Thronen. In the present instance Thronen seems to be preferred as riming with Kronen. It should be added that the ordinary phrase is, einen Anfpruch auf eine Sache machen (or erheben).

15. hätte, the subjunctive of indirect speech. So also fei, beftehe, &c. in the following sentences. Goethe's reply to the sneer ends at gefreut, l. 25.

18. halten = achten (compare in Latin *habere = ducere,* and so 'to hold' in English).

19. förberlich, 'advantageous,' 'profitable,' likely to advance (förbern) him. Cf. 24. 21, 30. 2.

21. perfönlich, while he was still alive.

25. The infinitive of the verbs hören, heißen, helfen, lehren, lernen, fühlen, fehen, like that of the auxiliary verbs of mood fönnen, bürfen, müffen, mögen, follen, wollen, laffen, is used instead of the past participle in a compound tense when it has a dependent infinitive immediately preceding it. See Brandt, *Germ. Gr.* §§ 108, 113.

27. bas Befuchzimmer, 'the reception room,' 'the drawing-room' (into which visitors, Befuch, are conducted). It is now usually written Befuchszimmer.

29. mußte, the use of the imperfect is rather peculiar. It seems to refer back to the impression produced on Goethe by the picture when he used to see it, 'it was evident she had been a very beautiful woman.' The Eng. 'must have been' would of course be in German 'muß gewefen fein.' We can only translate the *present* of müffen by the Eng. 'must.'

30. The remark is hardly accurate, as she was ten years younger than her husband.

PAGE 42.

1. bie Fülle ber Kinbheit means the abundant (plentiful) impressions of childhood.

2. würbig, 'fitly,' in a manner worthy of the subject. Cf. 11. 10.

6. ſpielen takes a double accusative, of the trick played and the person on whom it is played.

7. sc. ħabe or ħätte. The phrase, Einen zum Beſten ħaben, 'to make sport of one,' is colloquial.

8. mit, 'to take with them.'

10. The child uses the organs it has received from nature without any art or pretension, and yet in the way most conducive to its immediate purposes.

13. ſcheint = erſcheint, 'appears.'

14. daß nichts drüber geħt, 'that nothing can surpass it.'
ſo bequem, 'so much at his ease.'

15. gewandt, 'clever,' orig. a participle of wenden, 'to turn.' Compare the Latin *versatus*. Bildung = Ausbildung, 'development,' 'culture.'

16. möchte, 'would like.'
fortwachſen, 'to continue (go on) growing.' Cf. 20. 16.

17. lauter Genies, 'nothing but prodigies of genius.' The adj. lauter, 'pure,' is used as indecl. in the sense 'merely,' 'nothing but.' The G in Genie is soft as in the French *génie*, and the accent is on the last syllable.

20. wenn auch . . . . ſo wird es doch, 'although . . . . still it will be.'

21. Anlagen, 'natural abilities.' Cf. 22. 24. Anlage = was bei Einem angelegt iſt, 'stock,' 'capital,' 'talents.'

23. Zuverläſſigkeit = abſolute Sicherheit, so that we could rely upon his judgment (ſich auf etw. verlaſſen).

24. ħinterdrein, 'in the retrospect.'

PAGE 43.

2. The indef. article has here the same general sense as irgend eines.

3. nachdem = je nachdem, 'according as.'

4. A shortened conditional clause = wenn . . . . . rücken.

10. wahren in its original sense, 'to guard, defend.' It is etymologically connected with *guard* (Fr. *garder*); compare also the compound be‑wahren.

12. bürgerlicher Ruħe denotes such quiet as the citizens of a large town generally enjoy. Büchmann, *Geflügelte Worte*, 16th ed., Berlin 1889, quotes (p. 410) from a placard issued at Berlin, Oct. 17, 1806, after the battle of Jena, Der König ħat eine Bataille verloren. Jetzt iſt Ruħe die erſte Bürgerpflicht.

13. demungeachtet. deſſenungeachtet is perhaps more correct. Cf. 6. 28.

15. In the year 1757 the numbers of Frederick's adversaries were strengthened by the addition of Sweden and the German Empire. The

war against the French was carried on by Frederick's allies, the English and Hanoverian troops, while he himself defended his country against the Russians and Austrians. On May 6, the victory of *Prague* was obtained, though with the loss of Schwerin's valuable life, but on June 18, the Prussians were defeated in the battle of *Collin*, in Bohemia. On Nov. 5, the French army was splendidly beaten in the battle of *Rossbach*, in Prussian Saxony. On Dec. 5, the Austrians were beaten at *Leuthen*, in Lower Silesia, near Breslau, though the Prussian force amounted to scarcely one-third of the Austrian army.

20. belebter is more emphatic than the ordinary term lebhafter.

24. iſoliren, 'isolate.' A German word of the same sense is vereinzeln.

25. The three 'religions' represented among the inhabitants of Frankfurt are the Lutheran, the Reformed or Calvinistic, and the Roman Catholic. In our own day we should have to add the Jewish persuasion, which is very largely represented in Frankfurt now, and, no doubt, was so then; but in those days the Jews were not counted, as they were restricted to the Judengaſſe, and did not mix with the rest of the population on equal terms. Before A.D. 1700 no Jew was allowed to cross the Römerberg.

26. der herrſchenden, sc. Religion. The predominant religious confession at Frankfurt was and is the Lutheran. From the time of the Reformation to the abolition of the old constitution of Frankfurt by Napoleon in 1806 Lutherans alone were eligible to public offices and enjoyed the full rights of citizenship.

27. zum Regiment = zur Regierung. We also say an die Regierung, but only zur Herrſchaft gelangen.

29. Liebhabereien, 'favourite pursuits.'

31. zurückgekommen, sc. war. v. Loeper gives reasons for believing that Goethe's father returned from Italy in the autumn or winter of 1740.

PAGE 44.

1. nach ſeiner eigenen Sinnesart, 'in harmony with his own way of thinking.'

3. ſubalte'rn (*sub—alter*, under another), 'subordinate.'

The foreign Emolumente is adopted as the legal and technical term. The same remark applies to the term Ballotage.

8. herkömmlich, 'in accordance with traditional usage' (Herkommen).

10. etwas verſchwören means 'to take an oath (vow) *not* to do something,' 'to *forswear*.'

11. **Charakter** denotes a mere title, to which neither emoluments nor duties are attached. The verb **verschaffen** insinuates that this distinction could be procured by money. This title was conferred on Goethe's father by the Emperor Charles VII. in May, 1742.

14. **der Obersten,** ' of the citizens of highest rank.'

19. There is no reason why the German **Gesellschaft** should be avoided here.—Instead of **machen,** a verb perhaps more common in this phrase would be **bilden,** or we should use the compound **ausmachen.**

22. The modern form of the plural is **die Charakte're. sich schroffer ausbildet,** 'becomes more strongly marked.' **schroff** is properly used of a steep abrupt cliff.

mochte denotes a very probable hypothesis. **mochte gemacht haben = hatte wahrscheinlich gemacht.** So in the present tense **mag haben = hat wahrscheinlich.**

23. **die freie Welt,** 'the open world,' 'the world outside,' beyond the narrow limits of the city.

24. **libera'l** is used in the Latin sense, worthy of a 'gentleman,' 're-fined.' Compare the phrases *artes liberales,* &c. So we speak of a *liberal* education.

29. **erbaut,** sc. **hatte.** This should be understood of the renovations described in Book I. pp. 5, 6.

von jeher Art : the preposition might be omitted.

Page 45.

1. **Verordnungen und Mandate,** 'ordinances and decrees' of the authorities of the imperial city (Frankfurt).

2. More commonly **ein Schrank voll alter Gewehre.**

3. Venetian glass is still famous for its wonderful finish and elegance.

4. **Pofa'le,** cf. 15. 11.

5. **sondern = ordnen,** 'to arrange separately' (**gesondert aufstellen**).

6. **bei vorfallenden Auctionen,** more commonly, **wenn eine Auction vorfiel (stattfand).**

7. **das Vorhandene,** ' the existing stock.'

9. 'The first German poet that discovered again a lofty theme for poetry, and thereby inspired even the great and the princes with reverence for the German language and mind, and filled the noblest of his contemporaries with admiration for his works, was Friedrich Gottlieb Kʟᴏᴘsᴛᴏᴄᴋ' (R. Boxberger),—born at Quedlinburg, July 2, 1724, died at Hamburg, March 14, 1803. His principal work is the grand epic poem

Der Messias, in twenty cantos—a work now more praised than read. To the modern generation he is better known through his *Odes*, some of which are among the finest productions of German poetry.

11. so wunderlich heißen, 'have such an odd name.' According to the Frankfurt dialect, the poet's name resembles the word Klopfstock (there pronounced Klopstock), a stick for hitting (klopfen).

15. heraufkommen is apparently used of poets who rise and acquire reputation. The term is not, however, very common in this sense.

16. alle diese hatten gereimt, 'all these had employed rimed verse.' Klopstock's Messias is in hexameters.

18. Friedrich Rudolf Ludwig von CANITZ was born at Berlin, Nov. 27, 1654, and died there, Aug. 11, 1699. He is chiefly known as a lyric poet, but 'his lyric poetry is cold and prosaic, and though planned in an intelligent manner, it lacks depth and power of sentiment; it is easy to see that the utmost of his endeavour is to make rhyme and reason go together.' (H. Kurz.)

Friedrich von HAGEDORN, born at Hamburg on April 26, 1708, died there, Oct. 28, 1754. His poetry lacks depth and warmth, but his style is always clear and sprightly, and some of his short poems and fables are still read with pleasure. 'Hagedorn is always natural and true, and chimes in the proper tune.' (Kurz.)

Carl Friedrich DROLLINGER, born at Durlach, 1688—1742, 'a poet remarkable rather for his sound theories on poetry than for any perform-ances of his own.' (Kurz.) He was, however, opposed to the employ-ment of riming verse in German.

Christian Fürchtegott GELLERT, born at Hainichen near Freiberg on July 4, 1715, died at Leipzig, Dec. 13, 1769—one of the noblest men of his time. His fables and religious hymns still maintain their place in German literature, and some of the latter (notably the one beginning Wie groß ist des Allmächt'gen Güte) are among the finest hymns of the German Protestant church.

Friedrich Carl Casimir von CREUZ, born at Homburg in the Taunus mountains, Nov. 24, 1724, died Sept. 6, 1770. His *Odes* are often melancholy, and the author appears to have been influenced in them by the *Night Thoughts* of Young.

19. Albrecht von HALLER, born at Berne, Oct. 8, 1708, died there, Dec. 12, 1777, a very learned man and of some merit as a poet, though most of his works are now antiquated.

In Book VII. of *Dichtung und Wahrheit* Goethe has given an admirable sketch of most of the poets of his time.

20. Neukirch's *Telemachus* has been mentioned in a previous note (26. 9 *n.*).

Kopp's translation of Tasso's *Gerusalemme liberata* (cf. supr. 18. 7 *n.*) is mentioned in *Wilhelm Meisters Lehrjahre*, Bk. I. ch. 7, Das befreite Jerusalem, bavon mir Koppens Uebersetzung in die Hände fiel, gab meinen herumschweifenden Gedanken endlich eine bestimmte Richtung, u. f. w.

22. von Kindheit auf. We say also von Kindheit an, or von Kindes-beinen an. Cf. 17. 9.

23. Instead of memoriren, we might employ the German term aus-wendig lernen. Cf. 47. 1.

25. verdrießliche, 'full of annoyance.' verdrießlich is used either (1) of a thing, 'annoying,' or (2) of a person, 'annoyed,' cf. 58. 21.

30. einschwärzen, 'to smuggle in;' a word derived from die Schwärze, which appears in German slang as early as the 14th century as a term for 'night.' The word is often used metaphorically of importing clandestinely.

PAGE 46.

1. geschäftsthätig = thätig in Geschäften, busy, active.

2. The first three cantos of Klopstock's Messias appeared in 1748. Two more were published in 1751. The first ten cantos appeared in two volumes 1755 and 1756.

8. ein Erbauungsbuch, 'a book of devotions;' cf. 11. 21 *n.*

9. die Charwoche is the week before Easter, Holy Week. Good Friday is Charfreitag. Char corresponds to Old High-G. *chara*, 'lamentation,' the same word as the Engl. *care*, Old Engl. *cearu*.

10. entbinden = frei machen, ablösen.

13. seinem alten Freunde, i. e. Goethe's father.

er fand sich sehr bestürzt. More commonly, er war sehr bestürzt.

17. es fehlte nicht an, lit. 'there was no lack of,' 'there was abundance of.'

19. The more they discussed the subject, the greater their difference of opinion turned out to be.

20. ließ sich endlich gefallen, 'he was at last content.' Er läßt es sich gefallen means 'he puts up with it.' A favourite phrase of Goethe's. Cf. 61. 28, 77. 11.

22. Sonntagssuppe is a quaint phrase denoting a Sunday dinner. An old-fashioned way of inviting for dinner is: wollen Sie einen Löffel Suppe mit uns essen?

24. Prosely'ten, 'converts,' from the Greek προσήλυτος, lit. one who has come over, esp. used of a convert to Judaism.

27. ᗌeiligen. The 'saint' is, of course, Klopstock.

29. gewidmet, 'devoted to,' 'at the service of.'

30. Geſchwiſter, 'brother and sister.'

PAGE 47.

1. auffallend, 'striking.'

4. Portia's dream may be read in the Meſſias, VII. 366—497. Portia
is the wife of Pontius Pilate,

> Portia jugendlich ſchön das Weib Pilatus des Römers.

recitirten um die Wette, 'vied with one another in reciting.'

Satan and Adramelech (one of the chiefs of the rebel angels) were
driven by Eloa the commander of the armies of Heaven from the scene
of the Crucifixion into the Dead Sea, typical of eternal destruction.
(Cf. Meſſias, Canto VIII. 153.)

6. The passage here alluded to is in Canto X. 96—146. By a
curious mistake all editions before von Loeper's have ins rothe Meer.

7. war auf mein Theil gekommen, 'had fallen to my share.' An
equivalent phrase is, war mir zu Theil geworden.

10. floſſen nur ſo vom Munde, 'flowed merely, so to speak, from the
lips,' i.e. glibly, without much thought of their actual meaning. The
idiomatic use of ſo constitutes a sort of appeal to the readers = 'you
know what I mean.' It may often be rendered by 'just' or 'quite.'

12. hölliſch, because used by demons (Satan and Adramelech).
Compare teufliſch, below.

13. Samstag is the southern appellation, Sonnabend the one used in
the north of Germany. Sams (O.H.G. samba3) is probably from Greek
σάββατον. Compare Fr. *samedi = sabbati dies.*

14. bei Licht, 'by candle-light.'

Sonntags früh, 'on Sunday morning,' not necessarily early in the
morning. zur Kirche, 'for church.'

15. bequemlich, 'at his ease,' is the adv. of bequem, the termination
lich corresponding to Eng. -*ly* (*like*). Cf. Brandt, *Germ. Gr.* § 554. 2.

17. herkömmlich, 'usual.' Cf. 44. 8.

23. There are two half lines omitted here:

> er faßt', indem er es brüllte,
> Satan mit eiſernem Arm.

27. Instead of ſtechender, Klopstock subsequently adopted the reading herrſchender, which is now usual.

29. leidlich, 'tolerably well,' from leiden 'to endure,' 'tolerate.'

31. zermalmen, 'to crush,' prob. akin to mahlen, 'to grind.'

Page 48.

1. Chirurgus, Greek χειρουργός, 'working with the hand,' 'a skilled operator,' 'a surgeon,' is an honorary and complimentary title applied to a barber. In olden days the professions of barber and surgeon were usually combined. The first charter for the practice of surgery in London was given to the Company of Barbers by Edward IV. in 1461. Indeed it was not till 1745 that it was discovered, as recited in the Act of Parliament 18 Geo. II. c. 15, 'that the business and trade of a barber was foreign to, and independent of the practice of surgery.'

erschrak, 'was terrified,' participle erschrocken. erschrecken in the active sense is weak: erschreckte, 'he frightened.'

3. Aufstand, lit. a 'standing-up,' denotes here 'a commotion.'

4. hätte entstehen können, 'might have arisen.'

6. Muthwillen, 'deliberate mischief.'

7. sich bekennen zu etwas, 'to acknowledge a thing.'

9. verrufen means 'to bring into bad repute,' 'to decry,' 'denounce.'

Drittes Buch.

Jan. 1759 to June 1761.

Page 49.

2. der Umlauf = das Umhergehen, 'circulation.'

4. sich in Kleider werfen is a familiar phrase instead of Kleider anziehen or sich Kleider anthun. Thus we say sich in seinen besten Staat werfen, 'to don one's best clothes.'

7. erwünscht, 'welcome.'

9. daselbst is somewhat antiquated instead of dort.

10. Posaune (M.H.G. busûne, busîne, fr. Lat. bucina), a deep-toned trumpet, 'trombone.'

Zinke, *f.*, or Zinken, *m.*, prop. 'a tine' or 'prong,' 'a horn,' 'a cornet.'

11. wer sonst alles, 'whoever else there might be'—denotes that besides those mentioned there was a considerable number of others not specially enumerated. Cf. supr. 11. 29.

12. überschriebenen, '*superscribed*' with the name of the person to whom they were given, 'addressed.'

13. die geringern Gratulanten, those of lower rank who came to congratulate and to receive their usual new year's gifts.

15. **Honoratioren** is the technical designation of persons of rank and station, 'the gentlefolk.'

20. **faum fich öffneten,** ' were scarcely ever opened.'

Marzipan, 'march-pane,' a very sweet kind of cake made of almonds and sugar. It. *marzapane,* Span. *mazapan:* perh. fr. Latin *maza,* 'bread sopped in milk,' and *panis.*

Page 50.

1. **wozu noch fam, daß,** 'to which was further added that...,' 'besides which.'

2. **Stiftung** denotes 'an endowment,' 'a foundation,' fr. **ftiften,** ' to found.'

4. **verehrt warb,** 'was presented.' **verehren** is 'to honour.' **Jemanten mit etwas verehren** or more usually **Jemandem etwas verehren,** 'to honour a person with a thing,' ' to present.'

5. **im Kleinen,** 'on a small scale.'

8. **vergnüglich,** ' pleasurable,' 'delightful.'

9. **bedenflich und ahnungsvoll,** 'full of anxiety and foreboding.' **ahnungsvoll** is used emphatically instead of **voll böfer Ahnungen.**

13. The 'principal tower' of Frankfurt meant here is the tower of the Dom or St Bartholomew's Church, **der Pfarrturm.**

14. It seemed as if he would never have done blowing his trumpet.

21. Goethe insinuates that the troops were allowed to enter the town with the connivance of the authorities. Modern research has proved that Goethe's own grandfather Textor was at the bottom of the whole transaction.

23. The '**Constablerwache,**' near the Bornheim Gate, was under the command of Major Textor, the Schultheiss's brother; the **Haupt-wache** (at the upper end of the **Zeil**) under that of the Lieutenant von Klettenberg. **gedacht,** 'before-mentioned,' 'aforesaid.' Cf. 74. 17.

24. **das kleine, sie durchführende Commando,** 'the small detachment which escorted them through the town.'

27. **augenblicks** (an adverbial formation from **Augenblick,** compare **Tags, Nachts,** etc.), 'in an instant.' The genitive of nouns is frequently used to form adverbial expressions, and in some cases also by analogy adverbs are formed by adding a pseudogenitival termination **-s.**

29. **bivouakiren** is a peculiar instance of an original German word having been modified by the French, and reimported into Germany: '*bivouac,* à l'origine *bivac,* mot venu de l'allemand *beiwache,* et introduit

à l'époque de la guerre de Trente ans.'   A. Brachet, *Diction. étym. de
la langue française.*   Einquartierung, 'billeting.'

31. bis gesorgt wäre, ' till provision *should be* made.'

PAGE 51.

2. behaglich expresses that the citizens were fond of their comfort,
and discontented to have it disturbed by soldiers billeted upon them.

5. Staatszimmer = Prunkzimmer, ' rooms of state.'

8. ohnehin preußisch gesinnt, 'who was to begin with a partisan of
Prussia.' Cf. 1. 8.

10. nach seiner Denkweise, i. e. so wie er sich die Sache dachte.

wäre es möglich gewesen...so hätte er ersparen mögen, 'if it had been
possible—he might have spared.'

12. im Leben, 'in the affairs of life.'

14. hätte ersparen mögen = hätte möglicherweise erspart.   Cf. 44. 22.

15. der Königslieutenant, *Lieutenant du Roi,* the representative of
the royal authority.   Gutzkow's drama *Der Königslieutenant* is founded
on Goethe's account of Count Thorane.

17. Händel, ' disputes.' schlichten, 'to arrange,' connected with schlecht
and schlicht (E. *slight*), 'smooth,' 'straight.' From the meaning 'simple,'
'plain,' schlecht came to have the bad sense in which it is now invariably
used, 'mean,' 'worthless.'

19. unweit Antibes. Antibes is on the south coast of France, 16 miles
west of Nice.   We should nowadays describe Grasse as near Cannes,
but Cannes was at this time a very poor fishing village.

21. würdig, 'dignified.' zusammengenommen, 'collected,' 'firm,' here
perhaps = zurückhaltend, 'reserved.'

26. erbat sich (dat.), ' obtained permission.' erbitten = Lat. *impetrare.*
ob es schon = obschon es.   Cf. 13. 22.

28. bezeigte sich auf das Verbindlichste. We should now probably say
er zeigte sich sehr verbindlich.

31. sich aufhielten, 'were living.' Their names are given on p. 56.

PAGE 52.

2. beschäftigen, ' give them employment.'

6. unwirksam, '*inactive*,' 'merely passive.'

12. die neuen Tapeten (cf. 70. 12) were highly artistic productions
painted in oils by the Frankfurt artist Nothnagel (56. 9).

15. Arresta'nten is commonly used in a passive sense, meaning 'persons arrest*ed*.' According to its formation it ought of course to be active, 'arresting,' from Low Latin *arrestans.*

17. offene Tafel hielt, 'kept open table' (to which all were free to come). We more usually speak of keeping 'open house.'

20. unverschlossen, 'not shut off,' 'open.' The staircase ran up one side of the house through all the Vorsäle. Cf. 3. 24.

22. gemäßigt, 'orderly.'

25. Militärgast = militärischer Gast.

26. ein behaglicher Dolmetscher. His name was Diene. He was a citizen of Frankfurt living in the house opposite to that of Goethe's father, and he was official Interpreter to Count Thorane, for which service he received a stipend of 4 gulden weekly from the city. The word Dolmetsch is of Turkish origin (Polish *tłumacz*, Hungar. *tolmács*).

27. wohlbeleibt, 'portly.'

28. sich in eine Sache schicken, 'to adapt oneself to a thing;' compare the noun das Geschick and the adj. geschickt.

30. seinen Spaß treiben mit etwas, 'to make light of a thing,' 'treat it as a joke.'

PAGE 53.

1. flüglich is the adverb of flug. Cf. 47. 15.

2. noch nicht einmal, 'not even yet.' nicht einmal frequently means 'not even;' the force of einmal being 'to go no further,' 'to say nothing more.'

3. die natürliche Zurückgezogenheit, 'the retirement to which the master of the house was by nature inclined.'

4. was sich alles sonst noch sagen ließ, 'whatever else, everything else that, could be pleaded.' Cf. 11. 29.

5. zu bedenken gegeben, lit. 'given to him to consider,' 'laid before him.' This of course governs all that precedes from das neue noch nicht einmal ganz eingerichtete Haus, u. s. w.

6. an seiner Stelle = seinerseits, 'on his part.'

7. Wandel is used to denote the whole conduct of life. Cf. 33. 7.

9. vornahm, 'determined.' Cf. 5. 16. In modern German, einige is but rarely used with the def. article, die wenigen is usually preferred.

12. des Italienischen. See 4. 21.

15. dem, dat. of interest, 'for whom.'

16. ein Kind aus der Taufe heben, lit. 'to raise a child out of the

baptismal font,' is a common phrase for standing godfather (or god-mother) to a child.

17. Gevatter (like the Eng. *gossip* = *god-sib*, *god-related*) is used to express not only the relationship between the sponsor and the god-child, but also between the parents of the child and the sponsor. It represents Eccles. Lat. *compater* 'joint father,' 'godfather.' For the prefix ge= cf. 7. 6.

18. Neigung = Hin= or Zuneigung, 'attachment.'

spüren, 'to discover traces of,' 'manifest.'

abmüßigen, 'to save from occupation, spare;' compare the instance given by J. Grimm: du kannst dich wohl einen Augenblick von dem Schreiben abmüßigen, 'perhaps you may just spare a moment from your writing;' and in the same manner Goethe says alle abzumüßigenden Tage und Stunden in freier Luft zubringen, 'to spend all the days and hours he could spare in the open air' (quoted by Grimm, *Dict.* I. 79). The expression is not however very common. The verb is derived from müßig, 'unem-ployed' (Muße, leisure).

20. Einem etwas einlernen = Einem etw. ein=lehren. ihr einlernte, 'made her learn by heart.' The use of lernen and einlernen for lehren and einlehren is very common in provincial language. So in English we may often hear 'learn' used in the sense of 'teach.' We find the same confusion in old English. Cf. Ps. xxv. 4 (Prayer-Book Version) 'Lead me forth in thy truth and learn me.' We have the past participle eingelernt in the sense of 'well-taught,' or 'trained;' cf. 59. 30 ein eingelernter Sprachvogel. The verb einlernen conveys a notion of 'cramming.'

21. zum Besten. We may also say auf das Beste.

23. in ihren Jahren, 'at her age.'

24. einen heitern geistreichen Zug, 'a bright, clever vein.' Cf. 55. 11.

25. trockne, 'formal.'

PAGE 54.

1. 'The most trifling thing that might have looked like a bribe.'

2. wegweisen is a stronger expression than abweisen or the ordinary expression verweigern.

4. Unkosten is a more emphatic word than Kosten, 'oppressive expense.' The prefix un is frequently used to indicate something bad or injurious, as Unthat, 'crime,' Unmensch, 'brute.' Hence it is used especially in colloquial language to denote what is excessive, Unsumme, 'an enormous sum.'

5. Nachtisch, the *mensae secundae* of the ancients; lit. 'that which comes after the proper dinner,' 'dessert.'

6. Unschuld = Einfachheit, 'simplicity.'

7. höchlich, the adverb of hoch.

8. das Gefrorene. Gefrorenes is often used for 'ices.'

10. wenn es auch noch so, 'even though it be ever so much,' &c. wahrhaft = wirklich; compare the French *véritable*.

12. denn would probably remain untranslated in English. Its force may be represented by some such phrase as 'in the sequel.' doch, 'after all,' in spite of our mother's prejudice.

13. däuchte is the imperf. of dünken. From däuchte a new present däucht was formed. Cf. *Herm. und Dor.* 1. 3.

15. einigermaßen, 'to some extent;' cf. 32. 14.

17. sich in etwas ergeben, 'to resign oneself to a thing.'

18. The Gevatter is of course the kind interpreter.

19. Einen los werden, 'to get rid of a person,' is colloquial.

Einem (etwas) vorstellen or Vorstellungen machen, to represent something to somebody (by adducing arguments and reasons).

22. es sei nun, 'let it be,' 'whether it be.'

23. Umquartierung, changing of quarters, transference.

24. das will nicht bei ihm greifen means, 'it won't take any hold with him,' 'it is useless with him.'

25. Unmuth, 'ill-humour.' Cf. 54. 4 *n.*

26. gewahr werden, 'realise.' Cf. 7. 4.

30. aufgab, 'set us to do :' so Aufgabe is 'a task,' 'a commission.'

PAGE 55.

3. As the relative refers to a complete sentence and not merely to one word, it would be more usual now to say was than welches.

5. Hin- und Wiederlaufen; more commonly Hin- und Herlaufen.

8. geschlichtet, cf. 51. 17.

10. eigen = eigenthümlich, besonder.

13. pika'nt preserves the trace of its foreign (French) origin (from *piquant*) in its accent, which is always laid on the last syllable.

14. Der Herzog von Ossuna was the famous, witty, and cruel Spanish viceroy of Naples, in the beginning of the 17th century. His witticisms were greatly renowned at that time.

15. daß nicht = ohne daß. Compare the Latin *quin*.

18. Compare 1 Kings iii. 16—28.

20. ein Besonderes, a particular instance of his Solomonic judgments.

23. sich einer Sache bewußt sein, 'to be conscious of a thing.' sich is dat.

24. haben mochte, 'was liable to have.'

29. daß er Aubienz gegeben hätte, 'so that he might have given.' In English we should say simply, 'to give audience,' and we might here substitute the simple infinitive, Aubienz zu geben, with little or no difference in sense. But the form of the sentence is chosen to emphasize the utter impossibility of his giving audience under the circumstances.

Page 56.

2. Another writer would perhaps have said von munterer gutmüthiger Natur.

3. folcher Stimmung, i.e. hypochondriacal depression.

4. Abweg, 'a path which leads away from the right one,' 'an aberration,' 'a false step.'

8. Pictures by the artists here named may be seen at the present day in the gallery of *Das Städel'sche Institut* at Frankfurt.

10. eignete fich das Verkäufliche zu, 'acquired for himself, purchased, what was for sale.'

12. Giebelzimmer in der Mansarbe, 'garret in the roof.' Cf. 18. 18.

13. des Willens fein, 'to be of the mind,' 'to intend.'

18. mochte, 'was supposed,' the word seems to imply that the information about the mansion was rather vague.

22. zu verfertigenden, 'to be supplied;' gerundive. Cf. Brandt, *Grammar of the German Language* (4th ed. Boston, 1888) § 298.

anfehnlichen, 'of considerable size.' Cf. 29. 8.

23. Tapetentheile, 'parts of the wall decorations.'

27. wollten ihm nicht ebenfo gerathen, 'refused to succeed so well with him.' So in English we talk of a thing refusing to be done when after many attempts one fails to do it.

28. aus der entgegengefetzten Urfache, i.e. because they were too fat.

30. ein kleinliches Blätterwerk, 'poor foliage.'

31. Staffeleigemälde, *tableaux de chevalet*, 'easel-pieces,' as distinguished from frescoes.

nicht zu fchelten, lit. 'not to be blamed,' 'not without merit,' 'not amiss.'

Page 57.

1. fand fich in die Sache (cf. 40. 22), 'adapted himself to the business' (of painting pictures for wallhangings; cf. below, line 11, Tapetenftil).

5. ließ es nicht fehlen, 'kept up a high standard.' Cf. 20. 30.

6. Ausführung und Haltung, 'execution and arrangement.' Haltung is a technical term signifying the keeping of the various parts of a picture, the light and shade, &c., in due proportion.

10. ausführlichsten, 'most attentive to detail.' The elaboration of minute details is a chief characteristic of the Dutch painters, Gerard Douw, F. Mieris, &c.

16. gern um sich leiden mochte, 'was disposed gladly to permit me to be near him.' Cf. 58. 21.

18. nahm mir zu eröffnen gar wohl heraus, 'ventured to pronounce my opinion very freely.' sich (dat.) etwas herausnehmen, lit. 'to take out for oneself,' 'to permit oneself something.' Cf. 38. 12.

21. Gemäldeliebhabern, 'picture-fanciers.'

24. es sei nun, 'let it be,' 'whether it were.'

29. vermocht, 'enabled.'

30. mit Lust und Liebe, 'with delight,' a common alliterative phrase, like 'Leib und Leben,' 'Mann und Maus,' 'Haus und Hof,' where two words are used to express emphatically one idea.

31. einen umständlichen Aufsatz verfertigte, 'prepared a *circumstantial* (detailed) scheme.'

Page 58.

4. Verrichtungen, 'achievements.'

6. einer Sache Erwähnung thun for eine Sache erwähnen, exactly like the English 'to make mention of,' instead of 'to mention.'

12. den Schieber, 'the bar' by which the lid of the case was fastened, from schieben 'to push.'

15. Königslieutenantsmiene, 'vice-regal air.'

21. verdrießlich, cf. 45. 25.

24. da er denn mußte, 'when he was accordingly obliged.'

26. daß er mir fast gram geworden wäre, 'that he had almost become angry with me (if that had been possible).' For the subj. cf. 22. 30 *n*.

27. umständlicher, 'more *circumstantially*,' 'in fuller detail.' Cf. 57. 31.

30. durchgeholfen, sc. habe, lit. 'helped myself through,' 'got on.'

31. kam mir zu Statten, 'stood me in good *stead*.'

Page 59.

2. was sonst, 'whatever there is besides.'

4. vermittelte, 'supplied means,' 'helped.'

6. horchte heraus, 'learnt by listening.'

Befudj, 'a visit,' is very frequently used (abstract for concrete) for 'a visitor,' or 'a party of visitors.'

mid is here out of place. It is governed by mifdjen only, not by beftehen, and ought therefore to come after wo nidjt.

8. befteljen is 'to withstand,' 'to hold one's own against,' cf. 25. 19. befteljen fonnte, 'could hold my own in.'

gegen = 'when set against,' 'in comparison with.'

11. mit Wiberwillen meineß Vaterß, 'with my father's disapproval,' is not a usual phrase, though readily understood. The father disapproved, but did not actually forbid; gegen ben Willen would mean 'in opposition to or in defiance of his expressed wishes.'

12. baß Parterre, 'the pit' of the theatre. The word is derived from the French *par* and *terre*, because the spectators in 'the pit' used at one time to have to stand 'on the ground,' no seats being provided.

14. mimifdjen unb Rebe-Außbrucf, 'modes of expression by mimic gesture or by manner of speaking.'

19. gemein = gewöhnlidj.

beren Außbrüde mir gar nidjt befannt waren. We should more commonly say für weldje (or wofür) mir bie Außbrüde gar nidjt befannt waren.

20. fam feltner vor, 'was less frequently represented.'

21. ber gemeffene Sdjritt, 'the regular march,' lit. 'the measured pace.' baß Taftartige, 'the rhythmic beat,' neut. of adj. used as subs., so in the next line baß Allgemeine. taftartig, 'resembling musical time' (Taft fr. Latin *tactus*, because each beat is marked by the *touch* of the conductor's bâton).

Alexanbriner, 'alexandrine,' a line of twelve syllables. The origin of the name is somewhat uncertain, but it is said to be derived from the fact that a famous French poem of the twelfth century on the exploits of Alexander the Great was written in this metre. Since the seventeenth century it has been the regular metre of French dramatic poetry.

22. baß Allgemeine beß Außbrucfß, 'the abstract character of the phrases.' allgemein here means, 'of universal application.' The characters in the plays spoke in generalities which were easy for everyone to understand.

24. Jean RACINE, born Dec. 22, 1639, died in 1699, perhaps the greatest of the French tragic writers (*Andromaque*, 1667, *Britannicus*, 1669, *Iphigénie en Aulide*, 1674, *Phèdre*, 1677, *Athalie*, 1691), but also the author of a comedy in the style of Aristophanes, *Les Plaideurs* (1668).

28. ohne baß idj nodj hätte verftehen fönnen, 'though I should not as yet have been able to understand.'

30. ein eingelernter Sprachvogel, 'a well-trained parrot.' For einlernen used in the sense of einlehren, cf. 53. 20 *note.* The term Sprachvogel is applied to any bird that can be taught to speak.

PAGE 60.

1. Néricault DESTOUCHES, born at Tours in 1680, died 1754.
During his sojourn in England (1717—1722) he became acquainted with
Addison and familiar with English literature. He subsequently en-
deavoured to raise the moral tone of the French comedy of his time by
his own productions. Compare Lessing's *Hamburgische Dramaturgie*,
Stücke 12, 17, 51.

Chamblain de MARIVAUX, 1688—1763, was likewise influenced by
English literature. His journal *Le Spectateur Français* was to some
extent an imitation of Addison's *Spectator.* He wrote for the comic
stage during nearly fifty years, his first piece dating from the year 1712.
The number of his comedies amounts to more than thirty, the most
famous being *Le Jeu de l'Amour et du Hasard, La Surprise de l'Amour,
Le Legs, Les fausses Confidences, L'Epreuve.* His novels are still more
famous: *La Vie de Marianne*, and *Le Paysan Parvenu.* See *Œuvres
choisies de Marivaux*, 2 vols. Paris, Hachette, 1862. Cf. Lessing,
Hamb. Dramat., Stücke 18, 28.

2. LA CHAUSSÉE, 1693—1754, 'écrivait des *comédies larmoyantes*'
(Demogeot, *Histoire de la lit. franç.* p. 505). Cf. Lessing, *Hamb.
Dramat.*, Stücke 8, 21. tamen häufig vor. Cf. 59. 20.

4. Jean-Baptiste Poquelin de MOLIÈRE, born at Paris, Jan. 15,
1622, died there, 1673. He was the greatest comic writer of French
literature, and perhaps of all ages (*Le Misanthrope, Tartuffe, L'Avare,
Le Bourgeois Gentilhomme, Les Femmes Savantes*).

6. LEMIERRE (1723—1793), *poëte et auteur dramatique;* compare
Demogeot, *Litt. fr.* 505, 694. His *Hypermnestre* was first acted in
Paris in 1758, and was a novelty at Frankfurt at the time spoken of.

8. *Le Devin du Village* is an opera by Jean-Jacques ROUSSEAU
(1712—1778), successfully performed at Fontainebleau in 1752.

9. The mention of *Rose et Colas* in the present place seems to be
due to some mistake. The book of this little opera was by Sedaine, the
music by Monsigny and Gretry. But it was not performed in Paris
before 1764, so that Goethe would appear to have first seen it at some
subsequent period.

*Annette et Lubin, comédie en un acte et en vers libres, mêlée d'ariettes
et de vaudevilles*, by Madame FAVART, was not performed at Paris

before Feb. 15, 1762, and appears likewise to be mentioned here owing to some mistake on Goethe's part.

10. bebändern, 'to dress out in ribbons,' 'beribbon.'

11. Compare the French phrase: *je peux me les rappeler* (instead of *je m'en souviens*), of which this would seem to be an imitation.

12. mich auf dem Theater umsehen, 'to look about me (as an actor) on the stage.' auf dem Theater here = auf der Bühne.

14. ganzen is properly speaking superfluous, as aushören by itself means 'to hear to the end.'

16. bei gelinderer Jahreszeit. We should commonly say, in der gelinderen Jahreszeit.

20. beiläufig, 'casually,' lit. 'while running by,' 'in passing.'

22. etwas bei Einem geltend machen, 'to make a thing of value with some one,' 'turn it to (good) account' with him.

er knüpfte sich um so mehr an mich. The expression is not a very common one. We should say nowadays, er schloß sich um so mehr an mich an.

27. Aufschneider is a very idiomatic term for a 'swaggerer.' The verb aufschneiden is used in the same sense. This meaning of the word seems to come from the (now obsolete) use of aufschneiden in the sense of 'to carve for a person at table,' hence metaphorically 'to serve up a story' and so 'to brag.'

charmant (= Fr. *charmant*) is used colloquially instead of the German entzückend or reizend, ch pronounced as in French, and the t sounded.

29. Abenteuer, 'adventure;' the two words being the same in origin. Abenteuer is merely a corruption of the French *aventure* (in M.H.G. it is *aventiure*).

Händeln, 'quarrels,' cf. 35. 5.

31. durch dieselbe, i.e. durch die Sprache.

PAGE 61.

5. The name of *Derones* has been thought to be a mere fiction, as no family of that name has yet been traced in France. Von Loeper, however, remarks that, as in the outline of his autobiography which Goethe wrote for his own use we find under the date 1759 the entry 'Kinder der Madame Derones, Tochter, Sohn,' the name may after all not be fictitious.

11. Bildung should be understood of bodily form. Compare 27. 21. It is, however, more commonly used of mental culture (ein Mann von Bildung, 'a well, educated man').

16. Mannigfaltigkeit, 'multifariousness,' 'variety;' the great variety of theatrical performances.

20. keineswegs zu unserm Aeußern paßten, 'were by no means in keeping with our outward appearance.' On Sundays the children were dressed in their very best, and looked more like little men than children—according to the formal fashion of that time.

21. meines Gleichen, cf. 41. 6 n. alsdann, 'in those days.'

22. der Bügel, 'the hilt.'

24. unser Wesen getrieben, 'been playing our usual games.' Wesen is the 'essential character,' 'characteristic behaviour.'

25. fiel es diesem ein, 'it came into his head.'

26. Satisfaction geben, i.e. fight a duel.

28. ich lasse es mir gefallen, 'I am content with it,' 'I accept it.' Cf. 46. 20.

wollte ziehen, 'was about to draw' (my sword).

29. versichern takes both the dative and accusative of the person, but the first is perhaps more correct. Cf. 28. 5.

31. ausmachen or abmachen, 'to arrange.'

verfügen, 'to dispose.' sich verfügen, 'to betake oneself.'

PAGE 62.

2. On the stage, a duel is a mere pretence; the actors seem to hit, though they do not. Hence we read directly afterwards, die Stöße gingen neben aus, 'all the thrusts went out to one side' without hitting (wrongly translated by Mr Oxenford: 'the thrusts followed close upon each other').

9. Mandelmilch, 'almond-milk,' i.e. an emulsion of almonds.

12. von dem ersten Tage der Besitznehmung, ever since the French had taken possession of Frankfurt. Besitznehmung is now seldom used.

13. zumal = besonders, especially.

15. hin means 'from here,' her, 'from there,' hin und her, 'hither and thither.'

20. Armee is often used instead of the genuine German term das Heer. nach und nach, 'gradually,' 'one after another,' 'in course of time.'

21. die Ersten denotes the chiefs and leaders.

23. die Podeste or der Podest, not a common word, is thus explained by v. Loeper: 'a landing,' to which an open flight of steps, and frequently a double row, leads up; to be connected with *Podium* (ποδεῖον, πούς); in the same sense we employ Pebest (fr. Lat. *pes*).'

24. die Generalität, a collective noun = die Generale.

25. Soubise, a favourite of Mad. de Pompadour and her royal lover, Louis XV., a general without any capacity, was beaten by Frederick the Great in the glorious battle of *Rossbach*, Nov. 5, 1757.

26. leutfelig, 'affable.' The word is derived from Leute and felig 'happy, blithe towards people.'

27. Broglio (or Broglie) was a far better general than Soubise, but was frequently opposed and thwarted by him. He remained in Frankfurt during three years.

28. behe'nb, 'agile.' Cf. above 23. 24.

30. mehrmals (literally = mehr als einmal), 'several times.' The final ß in this word is that which appears in so many adverbial formations, e.g. rings, rechts, links, etc.

Page 63.

2. fich in biefen neuen Zuftanb gefunben. Cf. 40. 22.

3. bunfel, 'obscurely,' 'mysteriously.'

bie Alliirten feien, 'that the Allies were;' subjunctive of oblique oration. A German expression would be bie Verbünbeten.

4. Duke Ferdinand of Brunswick, one of Frederick's best generals, survived the Seven Years' War a considerable number of years; he was the commander of the Prussian army in the disastrous battle of Auerstädt where he was mortally wounded (Oct. 14, 1806). He died shortly afterwards (Nov. 10) at Altona (near Hamburg), having been expelled from his capital by the victorious French.

5. biefen, the French.

6. For the genitive after reflexive verbs, cf. Brandt, *Germ. Gr.* § 185.

nicht bie größte is somewhat ironical in the sense of eine nicht fehr große = eine ziemlich fleine.

9. preußisch Gefinnten, cf. 35. 7.

12. Instead of in Sorgen, Goethe might also have employed the adj. forgenvoll or beforgt.

18. wäre es auch nur, 'even if it were only.'

19. behalten = behaupten, 'to maintain possession of the bridge.'

Bombarbeme'nt should be pronounced in the German manner in the first syllable, but in the French way in the last, which should also be accented.

20. ftellte fich bar, 'presented itself.'

21. beiben Parteien, both those who wished success to the French, and the adherents of the Prussians.

22. nur nicht die Sorge. Compare *Herm. und Dor.*, 1. 159,

Und die Sorge, die mehr als selbst mir das Uebel verhaßt ist.

24. anbringen = vorbringen, vortragen.

26. es sei nichts zu befürchten, 'there was no cause to fear.' The subjunctive of *oratio obliqua.*

29. The village of Bergen situated on a hilly ridge, not far from Frankfurt, is a favourite place for excursions with Frankfurt citizens.

31. in Aufruhr, 'in an *uproar*' (which has no connexion with the verb 'to roar'); there was not a moment's quiet in the house.

PAGE 64.

5. rühmlich is adv. = mit Ruhm.

7. Charwoche, Passion- or Holy-week. See above, 46. 9. The battle of Bergen was fought on Good-Friday, April 13, 1759.

11. den obersten Boden, 'the topmost floor.'

13. Maffenfeuer, 'volley-firing of the muskets.'

17. sachte, '*softly*,' 'slowly.' The word is of Low German origin. The true High German form is sanft.

18. Lazare'th, 'a hospital.' The accent shows its foreign origin. Ital. *lazzeretto.* The name is of course derived from Lazarus the beggar 'full of sores' in the parable, Luke xvi. Hence Eng. *lazar, lazarhouse.*

19. Liebfrauenkloster = das Kloster unsrer lieben Frau, 'our Lady's convent.' There was not, however, any monastery of this name at Frankfurt, and this mention appears to be due to some slip of Goethe's memory; he probably means the Karmelitenkloster, which was situated not far from his father's house.

20. Barm-herzig-keit, 'charitable disposition;' compare sich erbarmen, 'to take pity.' Barmhérzig, 'compassionate,' is an exception to the general rule for the accent of compound words. It ought according to rule to be bármherzig. Cf. Brandt, *Germ. Gr.* § 422. 3.

22. bleffirte = verwundete, French *blessés.*

23. unter diesem Zug, 'in this train of carriages.'

25. was er nur Bewegliches besaß, 'what*ever* he possessed that was movable.' Observe the use of nur to make the relative more indefinite.

26. bedrängten, lit. '*bethronged*,' 'hard pressed,' 'distressed.'

30. hatte die leidenschaftliche Verwegenheit. The expression is unusual, instead of er ließ sich durch seine Leidenschaftlichkeit zu der Verwegenheit hinreißen (or verleiten). *verwégen* in M.H.G. means 'to resolve boldly,' and in the participle 'boldly resolute' (frisch entschlossen, Kluge's *Etym.*

Dict.). In Mod. Ger. it has generally a bad sense, 'rash,' 'audacious.'
Hence Verwegenheit, 'rashness.'

ben gehofften Siegern, 'those who, he hoped, would be the victors.'

PAGE 65.

2. Friedberg is one of the principal towns in the district called
Wetterau, between Frankfurt and Giessen.

3. Bornheim, a small village, now almost a suburb of Frankfurt.

4. Nachzügler, lit. 'one who follows in the train (Nachzug) of an army,'
'a straggler.'

5. Troßknecht, lit. 'baggage servant,' 'a camp-follower.'
It would be more correct to use the genitive with ansichtig werden.

7. a'bprallen, 'to rebound.'

8. doch, notwithstanding his anxiety to push forward.

10. des Feuerns, gen. of das Feuern, not of das Feuer.

14. auch er, 'he too,' like others, cf. 64. 20.

15. Spende means chiefly 'a charitable gift.' Cf. *Hermann und
Dorothea* I. 15, um es den Armen zu spenden.

16. sollten, like Eng. *should*, i.e. 'were to' by his directions.

17. zusammen aufgepackt, 'huddled together.'

18. die wir. If a first or second personal pronoun be repeated after
the relative, the verb is put in the first or second person respectively.
But if the personal pronoun be not repeated after the relative, the verb
in the relative sentence must be in the third person.

19. ich baue auf etwas, acc., 'I build (my hopes) on something,' is a
frequent expression for confident reliance. Comp. also the proverbial
phrase, auf ihn kannst Du Häuser bauen, 'you may safely rely upon him.'

22. was wir konnten = soviel wir nur konnten.

24. entbehren takes both the genitive and accusative, the former as a
rule only in poetic diction. In modern prose the accusative only is used.

er verweigerte. A more common phrase would be: er entzog sich
unseren Liebkosungen, or er weigerte sich, unsere Liebkosungen anzunehmen.

26. die Sache war entschieden, 'the affair was decided, was over.'

28. gewesen (sc. war). endlich denotes that his arrival had been
anxiously waited for.

30. bezeigten, 'exhibited;' we might also have bezeugten, 'testified.'

31. wohl is intended to express the French *eh bien*.

PAGE 66.

1. In euertwillen the t is inorganic; comp. however meinetwegen, bei-
netwegen, &c. euretwillen, meinetwillen &c., of which the older forms are

eurentwillen, meinentwillen, &c., are originally accusatives = um euren willen, um meinen willen, 'for your, my sake.' meinetwegen, meinethalben, &c. are orig. datives = meinen wegen, meinen halben ('on my way,' 'on my half,' i.e. 'on my side,' 'on my *behalf*'). See Brandt, *Germ. Gr.* § 87.

4. Dringender, Fordernder u. Bittender, gen. plur., 'of people urging, demanding and entreating.'

6. eine köstliche Collation, 'a dainty repast.' Fr. *collation*, a light supper such as the monks in a convent used to partake of after the daily discussion (*collatio*) of some passage of Scripture.

7. gut is used to express compassion.

nicht mochte: 'he did not feel inclined to take part in it.'

8. in Jemand dringen, 'to press hard,' 'urge.'

10. das Abendbrod is a common term for 'supper' (Abendessen), of which Goethe is especially fond. zurecht machen, 'to get ready.'

12. Unordnung is here not exactly disorder, but a mere deviation from the established order, 'irregularity.'

14. bei Seite schaffen = wegschaffen, 'put out of the way.'

16. The position of ungern at the end of the clause renders it more emphatic. Another writer would probably have said aber or wenn auch ungern.

ahneten. More commonly ahnten.

17. die Treppe lief frei, cf. 52. 20 *n.*

20. Sein Vorsaal, i.e. the first-floor landing.

voller is a more colloquial form of the prepositional use of the adj. than voll.

21. Mehreres, collective neuter, 'several matters.'

abthun, 'to dispatch' (business).

25. Glück wünschen, often written as one word glückwünschen 'to wish joy,' 'congratulate.' So Glückwunsch 'congratulation,' 'felicitation.'

26. ablaufen, 'come off,' 'end,' is colloquial instead of ausgehen.

27. Ingrimm is stronger than Grimm.

und wenn ich hätte sollen, 'even if I had been obliged.'

28. inne halten, 'to pause,' lit. 'to *hold in*,' 'check' (oneself). Cf. 20. 27.

30. büßen, 'pay for, atone for.' Buße (Eng. *boot*, benefit), is akin to besser, and means originally 'a making good,' 'reparation,' 'amendment,' hence also 'penance,' 'penalty.' Compare the French *amende*. So büßen is 'to make reparation for.' Compare vergüten.

Page 67.

1. gelaſſen, 'composedly,' 'leisurely;' compare the line in Schiller's ballad, Der Handſchuh:

   Und gelaſſen bringt er den Handſchuh zurück.

4. Compare the proverbial phrase, mir iſt ein Stein vom Herzen gefallen, 'I have got a load off my heart.'

7. We should connect was für Süßigkeiten, 'what a lot of sweet things.' verehrt, cf. above 50. 4.

10. durchſchlafenen. The verb is here inseparable, but both forms are equally common, ich durchſchlafe and ich ſchlafe durch.

13. die Wache is the common term for die Hauptwache, 'the main guard,' where there is also a place of temporary detention for prisoners, before they are conducted to the proper prison.

14. die Subalte´rnen = untergeordnete Beamten. Cf. 44. 3 *n.*

16. dieſe Geſinnung rege zu machen, 'to encourage this disposition.' rege machen = erregen, 'to excite.'

19. ohnehin, cf. 1. 8.

20. ſich verſtecken = verborgen bleiben.

21. ihr den Adjutanten gleichſam in die Hände gegeben, 'handed over as it were the adjutant to her.'

23. nur = mindeſtens, wenigſtens. nur comes from M.H.G. *ne waere* 'if it were not'.

24. bei der großen Beherrſchung ſeiner ſelbſt, 'with that great self-command which he had over himself.'

28. Comp. the familiar phrase ſein Müthchen an Einem kühlen, 'to vent one's spleen (passion) on someone.'

ſeiner Würde nachtheilige, 'derogatory to his dignity.'

31. die Führung des ganzen Geſprächs. ein Geſpräch führen is 'to carry on a conversation.'

Page 68.

1. ich thue mir etwas darauf zu Gute, 'I am proud of a thing,' 'put it down to my credit.'

5. etwas verpönen, 'to forbid something on pain of punishment,' 'interdict' (from the Lat. *poena*). verpönt, 'penal.'

8. St Jean was Count Thorane's valet.

11. gut = ſtark, kräftig. There was no doubt a considerable difference in outward appearance between the two men, the one probably a slim, spare Frenchman, and the other a somewhat bulky German.

ſeiner is the genitive: 'two of him,' i.e. 'two such as he.'

18. Gefinnungen, 'views.'

22. fcheel, 'obliquely,' 'askance;' whence fchielen 'to squint,' 'to look askance.'

24. Reichsftädter, 'citizens of an imperial city,' i.e. of a city which owed allegiance to no sovereign but the Emperor. The Frankfurters were of course very proud of this distinction.

27. Ufurpator is of course Latin. It is only used in late Latin writers (4th century). The usurper meant here is of course Frederick the Great. The 'faithful allies' of the endangered Emperor are the French.

Gefahr laufen, just like the Eng. 'to run a risk,' or the French *courir un danger* or *un risque.*

30. zu ihrem Theil = ihres Theils, more usually ihrerseits, 'in their turn.' The burden of the French was, however, no slight one upon the city of Frankfurt, as is amply proved by the accounts still extant in the city registers. daß, 'in order that.'

31. Reichsfeind = Feind des Reiches. The war had originated in a war between Frederick and the Empress Maria Theresa.

Page 69.

3. wenige (sc. find es). Those who are disloyal to the Emperor are but few.

4. des Feindes, i.e. of course Frederick.

5. fchäzt, 'estimate,' 'regard,' lit. 'value.'

8. diefer, i.e. Goethe's father. fich unterftehen = wagen.

10. es mögen fein fo viel ihrer wollen, 'there may be as many of them as they will.' The phrase is not strictly correct, being contracted from es mögen fo viel ihrer fein wie fie wollen. wie is frequently omitted after fo viel, e.g. fo viel ich weiß, 'as far as I know.'

12. merken merely means 'to perceive;' fich (dat.) merken is 'to make a mark for oneself,' 'take note.'

13. Auffchub, 'a postponement,' fr. auffchieben, 'to push on,' 'defer.'

17. The use of the familiar term Nachbar (*voisin*) shows that the Count is relenting.

ein falfcher Schritt is in imitation of the Fr. *faux pas;* the usual German phrase is ein Fehltritt, or eine verkehrte Handlung.

23. in einer Sache mitfprechen, 'to interfere in something,' 'to have a voice in a matter,' 'to put in a word.'

24. der brave Mann, *le brave homme.* Comp. Bürger's splendid ballad Das Lied vom braven Manne.

27. bunfel is 'gloomy,' 'sullen.' Comp. Goethe, *Faust*, I. line 681:

Mein Vater war ein bunfler Ehrenmann.

28. es arg machen, 'behave ill,' is a phrase like es toll, es lustig treiben, 'to manage things merrily,' 'madly,' etc. Cf. 31. 18. The sense is, 'provided they did not provoke you too much.' Euch is the dative of interest, 'for,' or 'to you.'

30. es über sich gewinnen, 'to prevail over oneself,' 'to force oneself against one's inclination,' 'pocket the affront.'

Page 70.

1. Possen is perhaps a translation of the Fr. *drôleries*, 'drolleries.' Posse is the regular term for a 'farce' on the stage. Cf. 48. 12.

2. We notice here an obvious imitation of the French construction: *ces hommes, sont-ils donc tout-à-fait aveugles?* In German it would be: sind denn diese Menschen ganz verblendet?

5. The Count here describes what would have happened if the French had lost. 'We fight right up to the gates, we bar the entrance to the town,' &c.

6. die Retirade = der Rückzug, 'the retreat.' Military terms are commonly taken from the French, and were so especially in Goethe's time.

7. die Hände in den Schooß legen is a colloquial and proverbial phrase for sitting down and doing nothing. Compare Körner's famous song:—

Das Volk steht auf, der Sturm bricht los,

Wer legt noch die Hände feig in den Schooß?

8. Granaten, 'grenades.' The word properly means a pomegranate, and the name is derived from the numerous seeds (*grana*, grains) which it contains. A *grenade* is so called because it is filled with grains of powder.

9. bei der Hand, 'at hand.' More usually, zur Hand.

sie zünden, 'they set (the place) on fire.'

dieser Hausbesitzer da, was will er? *Ce propriétaire-là que veut-il donc?*

11. platzte = würde platzen, i. e. if we had been beaten and the enemy were throwing shell into the town. wohl, 'I dare say.'

Feuerkugel, 'bomb.' folgte hinterdrein, 'would follow after it.'

12. vermaledeit, 'confounded,' representing Fr. *maudit*, formerly *maldit*, from Latin *maledicere*, M.H.G. *vermaledîen*.

Peking-Tapeten, wall-hangings painted in Chinese style. Cf. 52. 12.

13. meine Landkarten nicht aufzunageln. nicht is superfluous; it would be more correct to say mich so sehr genirt habe, daß ich meine Landkarten nicht aufnageln ließ. Such double negation is common in older writers down to Goethe and Schiller. See Brandt, *Germ. Gr.* § 309. For the fact comp. above p. 52. 11.

14. den ganzen Tag hätten sie auf den Knieen liegen sollen, 'during the whole day of battle they ought to have been on their knees praying for our success.'

16. The Dolmetscher interposes a conciliatory remark.

17. sie hätten sollen. Sollen is here out of place, perhaps for emphasis; 'they *ought* to have.'

19. den ermatteten Gemeinen, 'the exhausted common soldiers.'

20. der Gift. So in *Faust*, 1. 700. Now more commonly das Gift

26. ausschreien = verschreien, 'they will clamour against you as a tyrant and barbarian.'

30. indem sie Euch Recht geben, 'while they admit that you have right on your side, nevertheless' &c.

PAGE 71.

5. von dem guten Willen des Hausherrn erbaut zu sein, 'to feel edified by the good-will of the master of the house.'

6. ist allen Euren Wünschen zuvorgekommen, 'has *anticipated* all your wishes.'

12. More correctly, ich habe Euch wegen Euerer Fassung bewundert.

14. anzubeten. An imitation of the Fr. *adorer*. The interpreter speaks throughout in the exaggerated French style.

16. gewinnt es über Euch, cf. 69. 29.

17. Euch (dat. of int.) zu ewigem Ruhme gereichen, 'conduce, redound to your eternal glory.'

18. das müßte wunderlich zugehen, 'that would have to come about in a strange way.'

22. verdrießlich, cf. 45. 25.

24. zeitlebens, 'during their lifetime,' 'all their life long.'

28. eine Handlung dieser Art kann nicht untergehen, 'an action of this kind cannot die.'

30. The Count means to say that vanity is not his weakness. etwas treffen is 'to hit' (a mark). Cf. 27. 9.

Pᴀɢᴇ 72.

2. nichts zu vergeben, 'not to abate a jot,' cf. 12. 20.

6. unerwartet is an adverb, 'unexpectedly' successful.

7. sich enthalten is another of those numerous reflexive verbs which govern the genitive as the remoter object.

10. vergleichen, 'things of that sort,' cf. 41. 6.

11. trat auf den Vorsaal, compare auf die Bühne treten.

13. vernehmen, 'to learn,' 'be informed of.'

beilegen, 'to put by,' 'get rid of,' hence 'to settle a dispute.' Compare beseitigen.

16. etwas verschlafen means 'to miss something by sleeping.'

21. niemals variirt. He never introduced any variations into his tale when repeating it.

30. A Spaniard's bearing is more stately, a Frenchman's more lively. ankündigte, 'proclaimed.'

31. doch, 'really,' 'though you might not have expected it.'

mitunter, 'occasionally,' cf. 7. 25.

Pᴀɢᴇ 73.

1. Unbiegsamkeit, 'unbending character,' 'inability to adapt himself.'

2. More correctly (on account of the difference of genders) über seinen Charakter.

3. mochte, 'was likely.' doch, 'in spite of his good qualities.'

4. hiezu kam noch, 'to this result contributed also the fact' &c.

6. dem Königslieutenant (dat. of interest) übel nahm, 'took it ill in the *Lieutenant du Roi*.'

7. verpönte, cf. 68. 5. oberster Polizeimeister, 'supreme *chef de police*.'

9. in sich gezogner, lit. 'more withdrawn into himself,' 'more retired.' The more usual expression is mehr zurückgezogen.

12. abgeliefert, 'delivered.' The German word like the Eng. *deliver* is connected with the French *livrer* and Lat. *liberare*.

brachte mit der Betrachtung zu, 'spent *in* the contemplation.'

14. gedachtem, 'already mentioned,' cf. 56. 11.

Bane für Bahne, 'breadth by breadth,' i.e. in rows or strips according to their breadth, an unusual expression, but the adverb banenweise occurs in Book v. of Goethe's Autobiography. Bahn (or Ban), 'a road,' of which Bahne (Bane) is a rare form, also means any surface bounded by parallel lines, 'a band or stripe,' hence 'a breadth' of cloth (für dieses

Kleid werden fünf Bahnen gebraucht, ' five breadths of stuff are used for this dress '), a sheet of paper, &c.

18. die Stellen, 'the parts of the pictures.'

23. die Mittelgründe und Fernen. These are technical terms: 'the middle distances, and distances.'

29. der gehörige Platz, 'the suitable amount of space.'

30. es kam dem Thiermaler nicht auf ein paar Schafe mehr oder weniger an: 'the animal painter was not particular about a couple of sheep more or less.' es kommt auf etwas (acc.) an means 'it depends upon something,' 'something is the important consideration.' Hence es kommt ihm nicht auf etwas an is 'something is not an important consideration to him,' 'he does not mind about it.'

PAGE 74.

3. nahmen sich wiederum einander die Luft, lit. 'took to themselves in turn the air as it were from one another,' 'robbed one another of air, as it were.'

5. erstickten. The figures of men and animals were so crowded that however open the country was it seemed as if they must be suffocated. The whole description is very humorous.

7. verdrießlich, here of persons 'annoyed,' cf. 45. 25.

8. gewonnen, 'made a profit.'

11. bei aller Mühe, 'with all exertion,' i.e. 'in spite of all exertion.'

14. vernichtet worden (sc. war).

wenig fehlte, die Künstler hätten... = es fehlte wenig daß die Künstler sich (nicht) hierüber entzweit hätten. In such a sentence a superfluous nicht is often inserted. Notice that the omission of es causes the impersonal verb to be placed after wenig instead of before it.

15. wären gerathen, 'had got into.' The original notion of gerathen is 'to succeed,' cf. 56. 27, so gerathen in etwas, 'to succeed in attaining something,' 'to arrive at,' and hence 'to get into,' generally in a bad sense, in Zorn, in Schulden, in Streit, &c., gerathen.

16. dergleichen, 'such,' cf. 41. 6.

17. Zuthaten, 'additions.' gedachtem Atelier, i.e. in the Giebelzimmer, cf. 73. 14, 56. 11.

19. dieses und jenes Einzelne, 'one or another individual subject.'

21. für die Nähe oder die Ferne in Vorschlag zu bringen, 'to propose it for the foreground or the background.'

26. in sich gezogner, cf. 73. 9.

28. in sich gekehrt, lit. 'turned to himself,' 'in solitary reflexion.'

Page 75.

3. ſtaffiren, 'to garnish,' 'touch up,' from French *estoffer* (*étoffer*), and akin to English 'stuff,' 'to pad,' 'fill out.'

4. ins Buntſcheckige arbeiten zu laſſen, 'to have them worked up into a thing of patches,' 'a piece of motley patchwork.' buntſcheckig from bunt, 'variegated,' and ſcheckig, 'spotted,' 'piebald' (Scheck, a piebald horse).

5. nahm zu, 'increased,' entſchieb ſich, 'became decided.'

7. benn auch er war's geworben, he too (as well as the Dolmetſcher) had become a 'gossip.' Probably Goethe's mother had become godmother to the child mentioned below, line 31.

10. in ber Ordnung, in welcher, must be taken together, 'in the order in which.'

11. ber Tapezirer (now usually Tapezier), the man who puts up the wall-hangings (Tapeten), the upholsterer.

12. unumgängliche Nacharbeit, 'indispensable retouching.' unumgänglich, what one cannot get round and avoid (umgéhen). For the meaning of úmgehen, see above 10. 24, 37. 8.

14. zu guter Letzt, 'at parting,' more correctly zu guter Letz. Letze is 'a parting gift or cup.' So zu guter Letz is 'as a kind parting gift,' and then Letz being confused with letzt, 'last,' it was used to mean 'finally,' 'as a finishing stroke.'

17. Thürſtücken, '*doorpieces*,' 'pictures to go over the doors,' cf. 9. 26.

18. Beiwerke, 'supplementary portions,' 'accessories.'

22. genommen worben, sc. waren.

24. ſich zu etwas einrichten, 'to settle down to a thing.'

25. bie Abſenbung, 'the goods that were to be sent off,' 'the parcel.'

26. es is the work which he had to do. 'It must besides have time to dry.' jeber Verzug war mißlich, 'every delay was awkward.'

27. militäriſch abholen, 'fetch him by military force.'

29. keine Auskunft, 'no other way out of the difficulty.' Auskunft is connected with auskommen.

30. ben Wiberſpenſtigen, 'the refractory artist' (i.e. Seekatz).—ſpenſtig is derived from M.H.G. *spanen*, 'to allure,' 'deceive' (whence we have Geſpenſt, 'misleading appearance,' 'a spectre'), and so wiberſpenſtig means 'resisting inducement,' 'obstinate,' 'refractory.'

Page 76.

4. bas Giebelzimmer im Manſarb, cf. 56. 11. The usual form is bie Manſarbe.

6. ſich einer Sache erwehren, 'to guard oneself from a thing,' 'to refrain from a thing.'

11. ihn ſchmeicheln, the dative is more usual after ſchmeicheln.

15. daß ihm an deſſen Handlungen nichts recht dünken konnte, 'that nothing could seem right to him in the conduct of that person.'

16. ſolle, &c., are in the subj. because we have here given the grumblings of Goethe's father, 'one ought to employ artists, but not degrade them to painters of wall-hangings.'

19. durchgängig = durchweg, 'entirely.'

20. markten und mäkeln, 'bargain and haggle.' The verbs are of very similar meaning, and we may perhaps preserve the alliteration by translating 'higgle and haggle.'

21. genug, 'enough,' 'it is unnecessary to say more,' 'in fact.'

22. es gab ein- für allemal kein Verhältniß, 'there was once for all no possibility of friendly relations.' Cf. 28. 14.

23. jenes Zimmer, i.e. the room where the pictures were.

26. herbeitrieb, 'brought to the place.'

31. der früher eingeleitete aber unterbrochne Betrieb, &c.; cf. 54. 17, 18, 'the efforts which had been begun at an earlier time but interrupted were again resumed.' anknüpfen (lit. 'to knot, or tie on') is used of taking up the *thread* of a business.

PAGE 77.

2. Man ſuchte, &c. 'They (i.e. the elder Goethe and his friends) sought to gain over to their side justice (i. e. on the part of the military authorities) by remonstrances, the sense of fairness by petitions, favour by influence.'

4. dahin, 'to this point.' die Quartierherren, the officers who had to arrange the billeting, 'the quartermasters.'

5. es ſolle der Graf umlogirt werden, 'that the Count's lodgings should be changed.'

um frequently expresses change, cf. umkleiden, umladen, umſtellen, umgeſtalten. Hence too the modern railway term umſteigen, 'to change carriages.'

6. unausgeſetzt, adv., 'without intermission.'

7. Einquartierung, cf. 50. 30.

8. damit ſich ein ſcheinbarer Vorwand finde, 'in order that a plausible reason might be found.'

10. Miethleute, 'lodgers.'

15. ließ es ſich gefallen, 'consented,' cf. 46. 20, 61. 28.

16. beziehen, 'to move (ziehen) to,' 'to occupy.'

17. The exact date when Count Thorane left Goethe's father's house is uncertain, but it must have been before the summer of 1761 when the Moritz family were lodging there. He certainly remained in Frankfurt till the spring of 1762.

18. erhielt stufenweise, 'received step by step,' 'was from time to time promoted to,' various posts.

Charge is a French term for the German Anstellung.

22. den mehr genannten, 'the more celebrated;' an unusual expression, but the term vielgenannt is not unfrequently used for 'much praised.'

23. ließ Verschiedenes nacharbeiten, 'had various commissions executed subsequently.' nacharbeiten, 'to work at subsequently,' compare nachschaffen 18. 18.

25. man wollte uns versichern, lit. 'people professed to assure us.' In English we should simply say, 'we were assured.'

er sei gestorben, *orat. obliq.* 'that he had died.'

INDEX.